Rolf Friedrich Schuett

Wachs auf dem Mist, den andere machen!

Aphorismen zur Schulweisheit

Rolf Friedrich Schuett

Wachs auf dem Mist, den andere machen!

Aphorismen zur Schulweisheit

Books on Demand

Bibliographische Information Der Deutschen Bibliothek:
Die Deutsche Bibliothek verzeichnet diese Publikation
in der Deutschen Nationalbibliographie; detaillierte
bibliographische Daten sind im Internet abrufbar über
http:// dnb.ddb.de

Herstellung und Verlag :
BoD – Books on Demand, Norderstedt

Gedruckt auf alterungsbeständigem Papier
(holz- und säurefrei)

Umschlaggestaltung : E. L. Schmidt

Printed in Germany

ISBN 978-3-7481-0111-6

für Elke

Verschüttete Philosophiegeschichte
Dritte Welt der Glasperlenspielregeln

Wissenschaft
Einem ist sie die hohe, die himmlische Göttin,
     dem andern
Eine tüchtige Kuh, die ihn mit Butter versorgt.
     (Friedrich Schiller)

Viele Jahrhunderte lang seit ihren Anfängen ver-
herrlichte die Philosophie das „beschauliche Leben"
des einsamen Theoretikers in seiner gelehrten Muße.
Die Neuzeit räumte auch damit auf und zeichnete
seither das „aktive Leben" des produktiv Handeln-
den und werktätig Arbeitenden aus, besonders seit
der Reformation. Der Theoretiker wird nur noch
anerkannt und finanziert als „Grundlagenforscher",
der für technisch-industrielle Nutzanwendungen die
(natur)wissenschaftlichen Voraussetzungen schafft,
die sich möglichst rasch und gut zu amortisieren
haben. Es wird Zeit, dass Philosophie sich erinnert
an ihre unzeitgemäß theoretische Tradition, die heute verpönte *reine Wissenschaft* um ihrer selbst willen, als unrentabel persönlichen Selbstzweck.

Logischer *Platon*ismus erschaute ewige Ideen und
erfasste durch Begriffe das reine Wesen der Dinge
jenseits ihrer nur kontingent vergänglichen Existenz.
„Ideen" waren für Platon geometrische Idealkörper.

"Kinder aufziehen ist eine unsichere Sache; geht es gut, dann hat man davon ein Leben voll Kampf und Sorge gehabt; geht es schlecht, ist der Kummer bitterer als jeder andere." *(Demokritos von Abdera :* Fragment 275)

"Mir scheint es nicht gut, Kinder zu bekommen. Denn ich sehe darin viel schwere Gefahren und viel Kummer, dagegen nur selten Gewinn, und auch dieser ist nur klein und unbedeutend." *(Demokritos :* Fragment 276)

Theologie und Theoria : **Aristoteles** verteidigte die dianoetischen gegen sozialpraktische Tugenden und sah primär im Philosophieren den *bíos theoretikós*. "Sind sie mit diesen (lebensnotwendigen) Dingen zur Genüge versehen, so braucht der Gerechte immer noch Menschen, an denen und mit denen er gerecht handeln kann, und so auch der Besonnene und der Tapfere und alle übrigen – der Weise dagegen kann sich der geistigen Schau hingeben, auch wenn er ganz für sich ist, und, je weiser er ist, desto eindringlicher. Vielleicht gelingt es noch besser, wenn er Freunde hat, aber gleichwohl wäre er der Unabhängigste. Ferner gilt, daß diese Tätigkeit des Geistes die einzige ist, die um ihrer selbst willen geliebt wird, denn außer dem Vollzug der geistigen Schau erwartet man von ihr nichts weiter, während wir vom praktischen Wirken mehr oder weniger großen Gewinn noch neben dem bloßen Handeln haben."

"Wenn nun (a) unter den hochwertigen Tätigkeiten das Handeln im öffentlichen Leben und im Krieg durch Glanz und Größe zwar hervorragt, aber der Muße entbehrt, nach einem (außerhalb liegenden) Ziel strebt, und nicht an sich wählenswert ist, und wenn (b) andererseits gilt, daß das Tätigsein des Geistes, als ein Akt des Schauens, durch seine ernste Würde sich auszeichnet, nach keinem außerhalb gelegenen Ziele strebt, ferner vollende-

8

te Lust – die ihrerseits wieder die Tätigkeit intensiviert – wesensmäßig in sich schließt; und wenn (c) das Selbstgenügsame, das Ruhevolle und, innerhalb der menschlichen Grenzen, das Unermüdbare und alles, was sonst noch dem Menschen auf der Höhe seines Glücks zugeschrieben wird, an *diesem* Tätigsein in Erscheinung tritt, so folgt, daß *dieses* Tätigsein das vollendete Menschenglück darstellt, falls es ein Vollmaß des Lebens andauert ... "

"Ist also, mit dem Menschen verglichen, der Geist etwas Göttliches, so ist auch ein Leben im Geistigen, verglichen mit dem menschlichen Leben, etwas Göttliches."

"Für das Zustandekommen der sittlichen Tat sind viele (äußere) Gegebenheiten nötig und, je bedeutender und edler sie ist, desto mehr. Für das Leben des Geistes dagegen ist nichts von alledem vonnöten, jedenfalls nicht für die reine Tätigkeit, ja, man möchte sagen, dieses Äußere ist sogar ein Hindernis – jedenfalls für die reine Schau."

"Wenn man aber von einem lebenden Wesen das Handeln und mehr noch das Hervorbringen wegnimmt, was bleibt dann anderes übrig als die reine Schau? So muß denn das Wirken der Gottheit, ausgezeichnet durch höchste Seligkeit, das reine Schauen sein. Und folglich hat jenes menschliche Tun, das dem Wirken der Gottheit am nächsten kommt, am meisten vom Wesen des Glücks an sich." "Wer aber ein aktives Leben des Geistes führt und den Geist pflegt, von dem darf man sagen, sein Leben sei aufs beste geordnet und er werde von den Göttern am meisten geliebt ... Daß dies aber im höchsten Grade bei dem Philosophen zu finden ist, darüber besteht kein Zweifel ... Als Liebling der Götter aber genießt er auch das höchste Glück." „Videtur beatitudo in otio esse sita."

(„Nikomachische Ethik", Buch X, 7, 8, 9)

Epikur nahm auch Sklaven und Frauen auf in seinen Garten und blühte im Verborgenen : *Lathé biósas!*
"Wenn auch die Sicherheit vor den Menschen bis zu einem gewissen Grade eintritt durch eine bestimmte Macht, Störungen zu beseitigen, und durch Reichtum, so entspringt doch die reinste Sicherheit aus der Ruhe und dem Rückzug vor der Masse." *(Epikur,* Lehrsatz XIV)

Der gebildete Natur-Kyniker **Diogenes** kultivierte bedürfnislos seinen skeptischen Witz gegenüber dem Staat und der gesellschaftlichen Zivilisation.

Stoiker **Seneca** verteidigte aphoristisch pointiert die Autarkeia, Apathia und Ataraxia gelehrter Muße. "Muße ohne Wissenschaften ist der Tod und das Grab des lebenden Menschen." *(Seneca :* epistola ad Lucilium 82)

„Die Welt ist eine Komödie für Denkende und eine Tragödie für alle, die fühlen." *(Sophist **Hippokrates**)*

Thomas von Aquin sah die *vita contemplativa* mit Aristoteles aller *vita activa* überlegen. Er verteidigte gelehrte Bettelmönche gegen die reiche MA-Kirche.

Pascal, Miterfinder der Wahrscheinlichkeitstheorie und der Rechenmaschine, sah den Menschen als „denkendes Schilfrohr", das ohne „divertissements" leider nicht ruhig in seinem Zimmer sitzen könne. Sein *esprit de géometrie* war ein *esprit de finesse*.

Neuzeitlicher *bios theoretikós* wurde rationalistisch und verschrieb sich der mathematischen Logik.

Je pense, je suis: *Descartes* algebraisierte die Geometrie und distanzierte die Natur formal-analytisch.

Spinoza sah „Deus sive natura" *more geometrico*.

Leibniz entwarf mit der formalen Logik die infinitesimale *Ars Magna* einer *characteristica universalis*.

Lichtenberg : „Ich glaube, dass es im strengsten Verstand für den Menschen nur eine einzige Wissenschaft gibt, und dieses ist reine Mathematik" — also formale Logik.

Kants Wissenschaftsideal war die Physik Newtons, in der nicht mehr Wissenschaft sei als Mathematik und Logik. (Allerdings beschränkte er das Wissen dann nur, um dem Handeln Platz zu machen.)
„Es gibt nichts Praktischeres als eine gute Theorie."

„Was würde ein Newton, ein Leibniz dazu sagen, wenn sie hören sollten, dass man ihre herrliche *Erfindung* (Differentialrechnung) nicht als einen *Funken der Gottheit*, als einen *Adelsbrief*, wodurch die hohe *Abstammung des menschlichen Geistes* von den reinen *Intelligenzen* bewiesen wird, sondern bloß des Nutzens wegen schätzen will, dass man dadurch (in der Artillerie) berechnen kann, wie man die größte mögliche Anzahl von Menschen in der kürzesten Zeit tödten kann?" *(S. Maimon, 1794)*

M. sah Mathematik als die göttlichste Wissenschaft und sprach von Kants Ding-an-sich als „Differential des Bewusstseins" noch vor Hermann Cohen.

Fichte entdeckte die allen Objekten (und Affekten) „entfremdete Subjektivität" der produktiven Einbildungskraft, die sich beliebig in Objekte investieren und daraus wieder in sich zurückziehen könne.

Schelling sah „Kunst als Organon der Philosophie", das *Faktum der Vernunft* als *unvordenkliches Seyn.*

Hegels Panlogismus war nicht mehr mathematisch, sondern christlich. Vernunft sei logischer Schluss und Absolutes nur in realisierten Ideen zu fassen. Philosophie sei ihre Zeit in Gedanken erfasst, nicht in Gefühlen oder Geschäft(igkeit)en. Über idealer Essenz und zufälliger Existenz liege die realisierte Idee. Mathematik sei tot, formale Logik aber ideale Metaphysik, die nur als Physik real wird : Selbstentwicklung des Begriffs zu Schlüssen, die sich zur Natur entschließen. Das allgemein(gültig)e Ideal sei seine eigene besondere Realisierung, also Übergang in sein Gegenteil, oder ein Drittes über zwei Subjekten, die einander widersprechen und anerkennen. Konkrete Liebe sei das natürliche Abbild abstrakter Erkenntnis, Gattungsbegriffe seien eher Urbilder als Ebenbilder von Begattungen.

„Die Herrschaft der Freiheit kann nicht beginnen, solange die Arbeit nicht beendet ist, welche uns Notwendigkeit und äußerliche Endgültigkeit auferlegt." (*Marx* : „Das Kapital", III) „Es gibt keine größere Eselei für Leute von allgemeinen Bestrebungen, als überhaupt zu heiraten und sich so zu verraten an die petites misères de la vie domestique et privée ... Beatus ille, der keine Familie hat."

Marx suchte eine „Assoziation, worin die freie Entwicklung eines jeden die Bedingung für die freie Entwicklung aller ist", nicht etwa umgekehrt.

„Der Schriftsteller betrachtet keineswegs seine Arbeiten als Mittel. Sie sind Selbstzwecke, sie sind so wenig Mittel für ihn selbst und für andere, daß er ihrer Existenz seine Existenz opfert, wenn's not tut... Die erste Freiheit der Presse besteht darin, kein Gewerbe zu sein. Dem Schriftsteller, der sie zum materiellen Mittel herabsetzt, gebührt als Strafe dieser inneren Unfreiheit die äußere, die Zensur ... " (MEW 1, S. 71).

Für *Schopenhauer* war die Kunst nur unbegrifflich kontemplative Schau platonischer Ideen und Moral ein Mitleid der Wissenden mit den nur Wollenden. Künste und Wissenschaften standen ihm über allen Machenschaften, Leidenschaften und Seilschaften. Die Welt sei schön zu sehen und schlimm zu sein. „Dieses intellektuelle Leben schwebt, wie eine ätherische Zugabe, ein sich aus der Gärung entwickelnder wohlriechender Duft, über dem weltlichen Treiben, dem eigentlich realen, vom Willen geführten Leben der Völker, und neben der Weltgeschichte geht schuldlos und nicht blutbefleckt die Geschichte der Philosophie, der Wissenschaften und der Künste." („Parerga und Paralipomena" II, 1. Teilband, Kapitel 3, § 52) Das reine „Weltauge" stehe überm Welttreiben der Triebe und Betriebsamkeit. Zitate aus den „Aphorismen zur Lebensweisheit" (1852): "Ein geistreicher Mensch hat, in gänzlicher Einsamkeit, an seinen eigenen Gedanken und Phantasien vortreffliche Unterhaltung, während von einem Stumpfen die fortwährende Abwechselung von Gesellschaften, Schauspielen, Ausfahrten und Lustbarkeiten, die marternde Langeweile nicht abzuwehren vermag." (Reclam, Stuttgart, S. 21 f.)

"Die Leere ihres Innern, das Fade ihres Bewußtseyns, die Armut ihres Geistes treibt sie zur Gesellschaft, die nun aber aus eben Solchen besteht; similis simili gaudet." (25)
"Sokrates sagte, beim Anblick zum Verkauf ausgelegter Luxusartikel: "wie Vieles gibt es doch, was ich nicht brauche." " (22)
"Der geistreiche Mensch wird vor Allem nach Schmerzlosigkeit, Ungehudeltseyn, Ruhe und Muße streben, folglich ein stilles, bescheidenes, aber möglichst unangefochtenes Leben suchen und demgemäß, nach einiger Bekanntschaft mit den sogenannten Menschen, die Zurückgezogenheit und, bei großem Geist, sogar die Einsamkeit wählen. Denn je mehr Einer an sich selbst hat, desto weniger bedarf er von außen und desto weniger auch können die Übrigen ihm seyn. Darum führt die Eminenz des Geistes zur Ungeselligkeit." (35 f.)
"Anregung geben ihm die Werke der Natur und der Anblick des menschlichen Treibens, sodann die so verschiedenartigen Leistungen der Hochbegabten aller Zeiten und Länder, als welche eigentlich nur ihm genießbar, weil nur ihm ganz verständlich und fühlbar sind. Für ihn demnach haben Jene wirklich gelebt, an ihn haben sie sich eigentlich gewendet ..." (45 f.)
"Denn die freie Muße eines Jeden ist soviel wert, wie er selbst wert ist." (50)
"Ball, Theater, Gesellschaft, Kartenspiel, Hasardspiel, Pferde, Weiber, Trinken, Reisen usw. Und doch reicht dies Alles gegen die Langeweile nicht aus, wo Mangel an geistigen Bedürfnissen die geistigen Genüsse unmöglich macht." (53) "Als die oberste Regel aller Lebensweisheit sehe ich einen Satz an, den Aristoteles beiläufig ausgesprochen hat, in der Nikomachäischen Ethik (VII, 12) :
"Der Vernünftige geht auf Schmerzlosigkeit,
nicht auf Genuß aus."." (131)

14

"Demgemäß wird die möglichste Einfachheit unserer Verhältnisse und sogar Einförmigkeit der Lebensweise, so lange sie nicht Langeweile erzeugt, beglücken; weil sie das Leben selbst, folglich auch die ihm wesentliche Last, am wenigsten spüren läßt : es fließt dahin, wie ein Bach, ohne Wellen und Strudel." (147)

"Ganz er selbst seyn darf Jeder nur, so lange er allein ist: wer also nicht die Einsamkeit liebt, der liebt auch nicht die Freiheit : denn nur wenn man allein ist, ist man frei. Zwang ist der unzertrennliche Gefährte jeder Gesellschaft, und jede fordert Opfer, die umso schwerer fallen, je bedeutender die eigene Individualität. Demgemäß wird Jeder in genauer Proportion zum Werte seines eigenen Selbst die Einsamkeit fliehen, ertragen, oder lieben. Denn in ihr fühlt der Jämmerliche seine ganze Jämmerlichkeit, der große Geist seine ganze Größe, kurz, Jeder sich als was er ist." (150 f.)

"In diesem Sinne kann man auch die Gesellschaft einem Feuer vergleichen, an welchem der Kluge sich in gehöriger Entfernung wärmt, nicht aber hineingreift, wie der Tor, der dann, nachdem er sich verbrannt hat, in die Kälte der Einsamkeit flieht und jammert, daß das Feuer brennt." (164) "Es gibt drei Aristokratien: 1) die der Geburt und des Ranges, 2) die Geldaristokratie, 3) die geistige Aristokratie. Letztere ist eigentlich die vornehmste." (165)

"Alle Geister sind dem unsichtbar, der keinen hat." (186) "Alle Dinge sind herrlich zu sehn, aber schrecklich zu seyn." (226) "Was Einer "an sich selbst hat", kommt ihm nie mehr zugute als im Alter." (246)

"Zum Wege der Taten befähigt vorzüglich das große Herz; zu dem der Werke der große Kopf ... Der Hauptunterschied ist, daß die Taten vorübergehen, die Werke aber bleiben ... Von Alexander dem Großen lebt Name und Gedächtnis: aber Plato und Aristoteles, Homer und Horaz

sind noch selbst da, leben und wirken unmittelbar." (113)
"Demnach ist es ein schlechtes Kompliment, wenn man, wie heut zu Tage Mode ist, Werke dadurch zu ehren vermeint, dass man sie Taten tituliert : Denn Werke sind wesentlich höherer Art. Eine Tat ist immer nur eine Handlung auf Motiv, mithin ein Einzelnes, Vorübergehendes ... Ein großes oder schönes Werk hingegen ist ein Bleibendes, weil von allgemeiner Bedeutung, und ist der Intelligenz entsprossen, der schuldlosen, reinen, dieser Willenswelt wie ein Duft entsteigendes." (114)

Für Neukantianer *Cohen* war Sein nur das unendlich Kleine und Kants Rationalismus „Das Prinzip der Infinitesimalmethode und seine Geschichte" (1883).

Husserls rationale „Wesensschau" blieb Heideggers nationaler „Entschlossenheit" *eigentlich* überlegen. Die methodische *Epoché* klammert die kontingente Existenz ein, in der Heidegger die menschliche sah, um durch Variationen die reine Essenz eidetisch zu ermitteln : theoría jenseits bloß abstrakter Begriffe.

„*Adornos* Philosophie der Kontemplation" (Martin Seel) war eine *Kritische Theorie* der Gesellschaft. "Daß Aristoteles die dianoetischen Tugenden am höchsten stellte, hatte fraglos seine ideologische Seite, die Resignation des hellenistischen Privatmanns, der der Einwirkung auf die öffentlichen Dinge aus Angst sich entziehen muß und nach Rechtfertigung dafür sucht. Aber seine Tugendlehre öffnete auch den Horizont seliger Betrachtung; selig, weil sie dem Ausüben und Erleiden von Gewalt entronnen wäre ... Das Ziel richtiger Praxis wäre ihre eigene Abschaffung." *(Theodor W. Adorno:*

"Marginalien zu Theorie und Praxis", In : Stichworte. Kritische Modelle 2, Frankfurt am Main 1969, Seite 178) "Daß alle Theorie grau sei, läßt Goethe Mephistopheles dem Schüler predigen, den er an der Nase herumführt; der Satz war Ideologie schon am ersten Tag, Betrug darüber, wie wenig grün des Lebens Baum ist, den die Praktiker gepflanzt haben, und den der Teufel im gleichen Atemzug mit dem Metall Gold vergleicht ... Nichts soll sein, was nicht sich anpacken läßt; nicht der Gedanke." (169 f.) "Denken ist ein Tun, Theorie eine Gestalt von Praxis; allein die Ideologie der Reinheit des Denkens täuscht darüber." (171)

"Hat die autarkische Praxis seit je manische und zwanghafte Züge, so heißt diesen gegenüber Selbstbesinnung: die Unterbrechung der blind nach außen zielenden Aktion ... Ihre Abkunft von Arbeit lastet schwer auf aller Praxis." (172)

"Die meisten Aktionisten sind humorlos auf eine Weise, die nicht weniger beängstigt als der Mitlacher-Humor anderer." (173)

"Heute wird abermals die Antithese von Theorie und Praxis zur Denunziation der Theorie missbraucht ... wer sich mit Theorie beschäftige, ohne praktisch zu handeln, sei ein Verräter am Sozialismus." (173)

"Solche Theoriefeindschaft wird zur Schwäche der Praxis. Daß dieser die Theorie sich beugen soll, löst deren Wahrheitsgehalt auf und verurteilt Praxis zum Wahnhaften; das auszusprechen ist praktisch an der Zeit." (176)

"Daß einige ohne materielle Arbeit leben und, wie Nietzsches Zarathustra, ihres Geistes sich erfreuen, das ungerechte Privileg, sagt auch, daß es allen möglich sei; vollends auf einem Stand der technischen Produktivkräfte, der den allgemeinen Dispens von materieller Arbeit, ihre Reduktion auf einen Grenzwert absehbar macht." "Mit der Trennung von Theorie und Praxis erwacht Humanität; fremd ist sie jener Ungeschiedenheit, die in Wahrheit dem Primat der Praxis sich beugt. Tiere, ähnlich wie regredierende Gehirnverletzte, kennen nur Aktionsobjekte ..." (178)

"Das Falsche des heute geübten Primats der Praxis wird deutlich an dem Vorrang von Taktik über alles andere." (180) "Pseudo-Aktivität, Praxis, die sich umso wichtiger nimmt und umso emsiger gegen Theorie und Erkenntnis abdichtet, je mehr sie den Kontakt mit dem Objekt und den Sinn für Proportionen verliert, ... ist wahrhaft angepaßt an die Situation des huis clos." (181)

"Aber das unmittelbare Tun, das allemal ans Zuschlagen gemahnt, ist unvergleichlich viel näher der Unterdrückung als der Gedanke, der Atem schöpft ... Wird der Begriff fortgeworfen, so werden Züge sichtbar wie die einseitige, in Terror ausartende Solidarität." (186)

"Wäre Praxis das Kriterium der Theorie, so würde sie ... zu dem von Marx angeprangerten Schwindel ... ; richtete Praxis sich einfach nach den Anweisungen der Theorie, so verhärtete sie sich doktrinär und fälschte die Theorie obendrein." (189 f.)

"Diejenige Theorie dürfte noch die meiste Hoffnung auf Verwirklichung haben, welche nicht als Anweisung auf ihre Verwirklichung gedacht ist ..." (190)

"Praxis, auf unabsehbare Zeit vertagt, ist nicht mehr die Einspruchsinstanz gegen selbstzufriedene Spekulation, sondern meist nur der Vorwand, unter dem Exekutiven den kritischen Gedanken als eitel abzuwürgen, dessen verändernde Praxis bedürfte." ("Negative Dialektik", Frankfurt/M. 1975, S. 15)

A. empfand eine "steigende Aversion gegen jegliche Art von Praxis, in der mein Naturell und die objektive Aussichtslosigkeit von Praxis in diesem geschichtlichen Au-

genblick zusammenfinden mögen."
(Brief an Günther Grass, 1968)

Im 17./18. Jahrhundert war der „bíos theoretikós"
logisch-mathematisch und rationalistisch gewesen,
die Philosophie des 20. Jahrhunderts aber war eher
a(ffe)ktivistisch, entweder physisch oder psychisch,
aber: „Die Gedanken sind weder Dinge der Außen-
welt noch Vorstellungen. Ein drittes Reich muss
anerkannt werden." (*G. Frege*, 1918) *Popper* nannte
es die „dritte Welt" des Logos über oder unter der
Physis und Psyche. *Carnap* entwickelte im „Wiener
kreis" einen logischen Positivismus reiner Fakten.

„Durch den ganzen logischen Apparat hindurch sprechen
die physikalischen Gesetze doch von den Gegenständen
der Welt." (Tractatus, 6.3431) „Und außerhalb der Logik
ist alles Zufall." (6.3) „Der Zweck der Philosophie ist die
logische Klärung der Gedanken." (4.112) „Das logische
Bild der Tatsachen ist der Gedanke." (3) „Der Satz kann
die logische Form nicht darstellen, sie spiegelt sich in
ihm." (4.121)

Der frühe *Wittgenstein* des Tractatus sah wie Carnap
nur Logik der Physik oder Mystik (und Musik), der
spätere nur noch gleichberechtigte, „familienähnlich"
verwandte Umgangssprachspiele, die weder sozial-
kritisch noch formallogisch zu verbessern wären.

Laut *Whitehead* war die (europäische) Philosophiegeschichte nur eine „Reihe von Fußnoten zu *Platon*" und Platonismus für seinen Mitarbeiter *Russell* auch ein Totalitarismus gewesen. Mathematische Ignoranten sollten keinen Zutritt zu Platons Akademie haben. Für seinen Meisterschüler *Aristoteles* war nur ein geistiges Leben göttlich, ob nun mit oder ohne die Arbeitssklaven des Aristokraten Platon.

Spinoza blieb ein Muttersöhnchen der berechneten Natur, *Descartes'* Geist trennte sich leibhaftig vom todgeweihten Leib samt allem Arbeitsmaterial, und *Leibniz* rechnete mit der Natur nur infinitesimal, wenn er auf Papier differenzierte und integrierte: Das war das rationalistische Zeitalter zwischen dem Ver-stehen und Ver-nehmen.

Für den Empiristen *Hume* war Leidenschaft besser als alle Vernunft und kausale Folgerichtigkeit nur dumme Angewohnheit.

Der Aufklärer *Kant* blieb selbst ein unaufgeklärter Jüngling, für dessen Verständer das Dingsbums-an-sich der Mutter Natur ewig „unerkennbar" blieb, obwohl er ihrer strahlenden Erscheinung stets mit mathematischer Berechnung zu Leibe rückte.

Hegel und *Schopenhauer* haben immerhin gemein, dass der Geist die Welt beherrscht oder wenigstens beherrschen sollte. Der Geist ist eine Flucht, für Schopenhauer aus der Realität, für Hegel in die Realisierung. Dostojewski : „Wenn Gott tot ist, ist alles erlaubt", auch griechische Knabenliebe des Übermenschen Superman : *Nietzsche* suchte dionysische Schwulität nur vor christlicher Strafe zu schützen.

Adorno gab linke Proletarier und die patriarchale Religion seiner Väter verloren, so assimiliert, wie er war. *Bloch* wollte das Arbeitsmaterial vergeistigter als den Arbeiterkopf materiell und geistig versorgt. Seine manischen Utopien waren Kehrseiten seiner lebenslangen Depressionen.

Existenzialist *Sartre* war bis zu stalinistischem Unrecht gegen die gutbürgerlichen Rechte(n).

1928 suchte der logische Empirist *Carnap* mit dem „Logischen Aufbau der Welt" eine mathematische Rekonstruktion der Erkenntnistheorie. Im Anwendungsteil II. seiner „Einführung in die symbolische Logik" (1961) entwickelte er formale Logikkalküle für empirische Wissenschaften in exemplarischen Modellformen. Niemand bisher verfolgte das weiter.

Basisbibliothek

Platon : Dialog „Parmenides"

Aristoteles : „Organon"

Spinoza : „Ethik"

Leibniz : „Monadologie"

Kant : „Kritik der reinen Vernunft" (1781)

Maimon : „Neue Logik und Theorie des Denkens"

Friedrich Hegel : „Wissenschaft der Logik" (I / II)

Gottlob Frege : „Begriffsschrift"

L. Wittgenstein : „Tractatus logico-philosophicus",
„Vermischte Gedanken"

R. Carnap : „Einführung in die symbolische Logik"

Willard Van Quine : „Philosophie der Logik" (1970)

Thomas Seebohm : „Philosophie der Logik" (1984)

Melanges

Wichtige Wichte. Heisst Zeit auch,
den Wechsel der Ewigkeiten zu verewigen?

Daheim darfst du alles und draußen gar nichts:
Besser als umgekehrt.

Als Anhängsel deiner Anlagen amortisierst du
dich oder bist die Fehlinvestition deines HErrn.

Glücksmomente sind die Mythen und *fake news*
der heutigen Produktions- und Konsumleichen.

Anarchie : politics to end all politics.
Tyrannei : anarchy to end all anarchy.
Philosophy : anarchy to begin or forget politics.

Psychologie : Die Opfer analysieren
ihre Peiniger zu Opfern.

Kritische Theorie: Ist das praktizierende Gesellschaft, theoretische Krise oder Wiesengrund?

Herzensbildung : Einbildung der Halbbildung
und Ausbildung der Abbilder in Nachbildung.

In manchen Exhibitionisten ist das Auge
des Voyeurs mitinstalliert.

Wer würde sich ohne gutdotierten Kulturposten
lebenslang mit geistigen Dingen beschäftigen?

Perfekt? Was man vollendet, macht man fertig,
fix und fertig.

Infektion und Konfektion sind menschlich,
Perfektion ist unmenschlich, sagt der Mensch,
der seinen Defekt perfekt verdeckt.

Die einzige menschenmögliche Perfektion
der Welt gibt es in mathematischer Logik,
deren Grundlagen selbst Paradoxien sind.

Darf der Gesetze brechen,
dem sie keine Rechte geben?

Ich glaube langsam zu begreifen,
dass es fast aufs Gleiche rauskommt,
etwas zu verstehen und es nie zu kapieren.

Heisst Demokratie auch, ungestraft vertreten
zu dürfen, dass du *Schwarze* nicht magst
und dir viele *Fremde* zu viel werden?

Hoch ist der Brunnenschacht,
tief wie ein Elfenbeinturm.

Ich zweifle, ob ich an manchem glaube,
aber glaube, dass wir daran verzweifeln.

Gelungenem fehlt der Makel des Perfekten,
doch genügt es, Perfektes mit menschlichen
Mängeln zu verzieren?

-Ismus zeugt mit Schisma ein Bis(s)tum
ohne viel Wiss- und Schiss- und Kissmumm.

Freizeit, Kain, Vergleich. – Fraternité 1789:
„Freiheit, Gleichheit, Sicherheit, Eigentum!"

Kunst und Kultur sollen weder bestechend sein
noch bestochen.

Das vollendetste (geistige und gesellschaftliche)
System darf nie ganz vollendet werden.

Tausend *prekäre* Individuen sind anders und
mehr als eine ganze Masse und „Bewegung".

Hexenprozesse blühten erst nach dem finsteren
Mittelalter, in der humanistischen Renaissance.

Muss man seine Mitstreiter und Anhänger mehr
bekämpfen als seine Gegner und Widersacher?

Leben richtet sich auf − seine Hinrichtung,
für die sich das Alter erst richtig herrichtet.

Heilte Nietzsche sein schlechtes Vatermord-
gewissen durch passiven Homosex?

Wackersteinchen der Weisen im Soliloquium

Perfekt war nicht einmal die gute alte Zeit:
Vergangenheit ist in der Sprache das *Imperfekt*,
doch mehr als vollkommen wird immer nur
das *Plus-quam-perfekt* gewesen sein.

Verdoppelt Haftstrafe den Schuldschaden?

Curious people only find curiosities.

Werden logische Schlüsse als unsere geistigen
Kinder schließlich gegen uns selbständig oder
als edle Fundstücke von uns nur angeeignet?

Kinder kapieren die Erwachsenenwelt so gut,
dass sie die als Kasperletheater beschreien,
doch Große nehmen die Kinderkasper zu ernst.

Die vergangenste Welt war blutjung,
die künftige Welt der Jungen wird uralt sein.

Politik lässt sich weder mit noch ohne Moral
machen – aber auch umgekehrt?

Der geschlechtsverkehrsberuhigte Lebens*weg*
ist das Ziel von Amors Pfeilen?

Schaut vorm Spiegel die Maus
in Elefantenaugen oder umgekehrt?

Ist Perfektion außer Maschinen so unbeliebt,
weil sie weniger Freiheiten lässt?

Senke demütig den Blick –
auf deinen Nabel der Welt.

„Alle Literatur ist Klatsch." *(Truman Capote)*

Heidegger ist die weiseste Weise, Philosophie nicht viel mehr zu mögen als sein Vermögen.

Heidegger heißt nichts, hatte nichts zu sagen, „Nichts" zu schreiben auf Geheiß seines Seyns.

Der Querkopf ist heute ein „Querdenker" auf geradem Weg zum Quertreiber, der sich geradlinig treiben lässt von einer verqueren Welt.

Poptimum. Der moderne Selbst(t)optimierer nutzt alle gesellschaftlichen Optionen außer der optimalen, sie ungenutzt zu lassen.

Fortschritt verbessert die perfekte Evolution.

Hab soviel Vernunft, auf meine nicht zu zählen!

Jede Erkenntnis, um eine zu sein, müsste
erkennen, dass sie auch eine neue Form
von Dummheit ist, und umgekehrt.

Konnte Sartre, ohne ein ewiger Kindskopf zu
bleiben, mit seiner Mutter zusammenleben statt
mit der Beauvoir, die ihm ungefährlich dumme
Schulmädchen zuführte, um ihn zu halten?

Als H. Marcuse Sartre das „Gewissen der Welt"
nannte, ließ ich beide links liegen, die größere
gegen kleinere Übel verteidigten : Der eine war
nur Kulturrevolutionär, der andere fast Stalinist.

Mensch und Tier, ein Existenzkampf, der auch
durch Haustiersentimentalitäten nicht entschärft
wird. Bakterien und Ungeziefer sind
die unbekanntesten Haustiere.

Gott verbot uns, Schweine zu essen,
also Kannibalen zu werden.

Langeweile? Oberschicht in die Fabrik-
Unterwelt, Hochkultur in die Unterschicht !

       Idyllen   *Satiren*
Logik   ---------   Bukolik   Moralistik

             Metaphysik 2000
  Gott − *Welt* − *Seele* : Logos − Physis − Psyche

       Objektivität (Logos und Physis) :

            Naturästhetik   (Physis)
Atomphysik   Kosmologie
          Formale Logik (Logos)

       Subjektivität (Psyche) :

Psychoanalyse
Existenzphilosophie
Literatur
Aphoristik

Auch der große Künstler hat (und hält) mehr
von seinen Werken als jeder seiner Kunden.

Emanzipation: Der Arbeitsmarkt sucht nun eher
inländische Frauen als ausländische Männer.

Konnten Lotterbett und Sterbebett und
Himmelbett einander jemals verdrängen?

Zurück zur Natur –
zum Fressen und Gefressenwerden?

Legale Sterbehilfe :
zu Tode langweilende Bücher.

Man kann nur den Kopf in den Sand
oder die Nase in ein Buch stecken.

Wissenschaft ist strenger als Lebenserfahrung
und laxer als Logik, weder Witz noch Weisheit.

Heißt leben, Gott und Satan fürchten zu lernen?

Der Schriftsteller, der Untäter stellt und sich
seinem eigenen Rat, flieht nicht in die Tat.

Wer die Show abspielt, schaut kein Spiel an.

Sinnvoller als der biedere „Sinnspruch"
ist der bittere Widerspruch im Aphorismus,
der nicht jedem gefallen will.

Das Reich der mathematischen Logik
ist unendlich viel größer als Welt und Leben,
die daraus nur wenig realisieren.

Feigheit spielt und Mut fühlt Leid.

Seit dem *linguistic turn* ersetzt Philosophie
Substanz durchs Substantiv, Tätigkeit durch
Verben, Vollkommenheit durchs Perfekt,
Vergangenheit durch Imperfekt, Genitalien
durch Genitive, Anklage durch Akkusativ
und Eigenschaften durch Adjektive.

Bilde dich − in die leere Tasche!
Bildung löst Rätsel − aus.

Lichtenberg, Kierkegaard, Kraus :
Aufrechter Gang des Buckels.

Männer sagen, wie die Dinge liegen sollen,
Frauen sagen, wie die Sache steht,
sagen sie voneinander.

Originelles schafft Einsamkeit,
Klischee nur Gemeinsamkeit.

„Die Letzten werden die Ersten sein",
die diesen gratulieren und huldigen.

Friedliche Befriedigung soll hier (ver)walten,
kleidsame Gewalt statt gewaltsame Nacktheit.

Philosophische Feiermorgenbeschäftigung
nach erotischer Nachtschicht, aber ist nackte
Wahrheit schon die wahre Nacktheit?

Ich will nicht immer nur Recht haben : Du hast
ja Recht, dass ich immer Recht haben will.

Wer oder was mich erzeugt hat, muss gut sein.

Ist es gewichtslos, *dass* Gewichtiges unwichtig
ist und der Wicht sich umso wichtiger tut?

Mensch, geh nicht unter − Leute!

Descartes 2000 : Cogito, ergo dumm or Bumm!

Was dir das Diesseits, ist Engeln das Jenseits.

Große Werke dauern, große Taten dauern uns.

Der Reiche kauft Ideen, und der Arme hat
eine unverkäufliche Idee von Käuflichkeit.

Tragik stellt sich nur noch komisch dar
und die Posse als Ernst des Lebens.

Sobald die KI es lernt, netzneuronal selbst
zu lernen, wird sie, die alles selbst erfindet,
die letzte menschliche Erfindung gewesen sein
und sich uns als Clowns halten.

Sind wir zu hart zur zarten Leihmutter Natur
oder zu mild zur wilden Rabenmutter Natur?

Warum blickt man oben nach Oben
und unten nach Unten?

KI oder k.o.? Künstliche Intelligenz ist noch
so blöd, dass sie uns nur stupideste Routinejobs
abnehmen und nicht mal einen dummen Spruch
wie diesen gegen sie erfinden kann.

Proletarier von morgen leben *für* und nicht
von Kunst und Kultur, doch sie leben *von*
und nicht *für* Fabrik-Arbeit.

Angstblütenlese

„Philosophie ist Heimweh nach dem Ganzen"
(Novalis) oder Fernweh nach Verteilung
und ungeteilten UrTeilen darüber.

Zoon politikon? Öde ward Kommunikation
mit jedem Bruder, nicht mit jedem Buch.

Satan wünscht sich, deine Wünsche zu erfüllen,
Gott wünscht, dich vor ihnen zu erretten.

Kunst lebt davon, dass die Geschmacksurteile
der meisten Menschen unterentwickelt sind.

Proletarier aller Länder, vereinzelt euch,
aber zerstreut euch nicht!

Menschen sind stets im Gespräch –
von Gott und Satan wie mit- und übereinander.

Theorie und Praxis : Spinnen und basteln,
einsam dösen und gemeinsam davon quasseln.

Befreite Sartre Franzosen von deutscher
Okkupation mit deutscher Philosophie?

Galerien und Gedächtnisse sind die besten
Museen, die nicht ins Museum gehören.

Erschaffen Männer Unsterbliches,
weil Frauen nur Sterbliche(s) erschaffen?

Entlohnt mich besser für mein Sein
als für mein Tun und Schrein und Nein!

Asoziales sucht ein geistiges System,
soziales System aber geistige Fragmentierung.

Aphorismus : Total(itär)e Reflexionsdifferenz
als transzendierbare Systemtranszendenz.

Das Gute ist auch Freiheit zum Bösen, doch
Freiheit zum Guten nicht böser als das Gute.

Ist die Natur grausam, ist Kultur eine Flucht
in Illusionen. Ist der Verstand gut, ist die Natur,
die er gut wiedergibt, nicht schlechter als er.

Kann man die Schaffenskraft von Künstlern
erfassen ohne ihr Machwerk und Mundwerk?

Sah Kant die Welt an oder seine Augen?

Sieht der Augenarzt die sichtbare Welt besser?

Bin ich anders, als ich mich sehe, aber für wen?

Kann ich die Art, wie ich mich und dich erfasse,
an sich ganz erfassen?

Kant? Ist mir die Art, wie mir alles erscheint,
selbst ein *Ding-an-sich*, das mir nie erscheint,
oder bin ich frei von mir wie von dir?

Erscheint dir alles so,
wie du dir selbst erscheinst,
oder siehst du dich, wie du alles siehst?

Sah Kant von der Welt nur die Sehkraft
seiner Augen oder die Stärke meiner Brille?

Erstellen wir unsere Welt(bilder) auch
durch transzendentale Gefühlskategorien?

Sah Kant Raum und Zeit an statt Körper darin
und die Logik jede Physik fundieren?

Sozialdemokratie kämpft für Arbeit
statt für Arme; Christdemokratie kämpft
für Reiche statt fürs Kapital.

Ein angestelltes Volk von künstlichen Dichtern
und Denkern ist noch kein natürliches Volk
von Machern und Händlern.

Kant nahm seine Kategorientafel aus den
logischen Urteilsformen des Aristoteles,
machte also die Logik zur transzendentalen
Konstitutionsform physikalischer Objektivität.

Kunstvoll künstliche Verdummung
hat die natürliche Intelligenz sehr schlau ersetzt.

Wahrheit heißt auch : *Dass* etwas Lüge oder
Irrtum ist, kann selber Lüge oder Irrtum sein.

Jede zweite Großstadtehe wird geschieden.
Der Rest traut sich nicht.

Paul Léautaud : „Literarisches Tagebuch" (Hambg.1978)
„Keine wohlfeilen, faden Sätze machen. Vielmehr harte,
knappe, schroffe Sätze. Auch von solchen Sätzen geht
eine Harmonie aus ... Harte und gedrungene kleine Dinge, funkelnd und ungreifbar, einfach und vielfältig zugleich, bald bebend und bald eisig starr, ewige und grenzenlose kleine Leben : ihr Gedanken, vielleicht ist eure
Strenge mehr wert als die gesamte Kunst." (26. 03. 1898)

„... die Sätze brauchen nicht miteinander verbunden zu
werden. Sie können so aufeinanderfolgen, als stünde
jeder für sich. Die Gedanken und ihre Entwicklung müssen eine innere Verbindung haben ..." (25. 10. 1943)

„Was ist die Kunst? Ein Aufschönen, ein Täuschen – ein
Feind der Natur ... Ich hasse die Kunst." (06. 08. 1955)

Sekundärliteratur zum Aphorismus

Gerhard Neumann (Hg.): „Der Aphorismus.
Zur Geschichte, zu den Formen und Möglichkeiten
einer literarischen Gattung", Darmstadt 1976

„Ideenparadiese. Untersuchungen zur Aphoristik
von Lichtenberg, Novalis, Friedrich Schlegel und
Goethe", München 1976

Peter Krupka: „Der polnische Aphorismus",
München 1976

Hans Peter Balmer; „Philosophie der menschlichen
Dinge. Die europäische Moralistik", Bern 1981

Harald Fricke: „Aphorismus", Stuttgart 1984

Gisela Febel: „Aphoristik in Deutschland und
Frankreich", Frankfurt/Main 1985

Klaus von Welser: "Die Sprache des Aphorismus",
Frankfurt/M. 1986

Heinz Krüger: „Über den Aphorismus
als philosophische Form", Frankfurt/M. 1988

Werner Helmich: „Der moderne französische
Aphorismus", Tübingen 1991

Stefan Fedler: „Der Aphorismus. Begriffsspiel zwischen Philosophie und Poesie", Stuttgart 1992

Paul Geyer / Roland Hagenbüchle: „Das Paradox", Tübingen 1992, Würzburg 2002²

Thomas Stölzel: „Rohe und polierte Gedanken. Studien zur Wirkungsweise aphoristischer Texte", Freiburg 1998

Lada Lubimova: „Struktur und Funktion des Aphorismus : eine textlinguistische Studie", Bremen 1998

Robert Zimmer: „Die europäischen Moralisten", Hamburg 1999

Michael Esders: „Begriffs-Gesten. Philosophie als Kurze Prosa von Friedrich Schlegel bis Adorno", Frankfurt/Main 2000

Rüdiger Zymner: „Aphorismus", In: Kleine literarische Formen in Einzeldarstellungen, Stuttgart 2002

Friedemann Spicker: „Kurze Geschichte des deutschen Aphorismus", Tübingen 2007

„Die Welt ist voller Sprüche. Große Aphoristiker im Porträt", Bochum 2010

Andreas Egert: „Der Fall Aphorismus. Zur Genese und Aktualität einer Gattung", Dresden 2015

„Leichte Sprache" :
Reformierte Verwaltungssprache oder
unnuancierte Stummelsprache light?

Bald wird es nur noch Behinderte mit Schrumpf-
deutsch geben. Die Migranten sprechen inzwischen
schon *elaborierter* als Einheimische.

Viele kurze Sätze ohne Fremdwörter bringen hierzulande nicht geistreiche Bonmots, sondern eher mili-
tärische Kommandosprache ohne viel differenzierte
Reflexion, steht zu befürchten. Sind "schreckliche
Vereinfacher" nicht einfach nur Volksverdummer?

Wer es uns nicht unnötig schwer machen will,
macht es uns meist nur unnötig leicht. Kurzum:
Mehr Schlangensätze à la Proust und weniger Re-
klameslogans! Einfaches wird heute nicht unnötig
häufig verkompliziert, sondern Komplexes schlicht
versimpelt. Der Wortschatz schrumpft, elliptische
Satzkonstruktionen werden primitiver, und was da
ohnehin sich verschlimmert, muss doch nicht auch
noch propagiert und mit gutem Gewissen versehen
werden. Die Gefahr, dass gehobene Literatursprache
einmal zur Umgangssprache wird, ist zu verschwin-

dend gering, um wohl jemals zu drohen. Umgekehrt wird ein Schuh daraus.

Wer als Autor den Anspruch an die Sprache senkt, um seine Verkaufszahlen zu heben, landet schnell beim Trash und Schund der modernen Bestseller, also bei vulgärer Regression. Der kitschige Hesse ist sicher keine Alternative zum snobistischen Proust. Und auf Anglizismen mag ich leichter verzichten als auf lateinisch-griechische Fremdwörter. "Gesichtserker" statt "Nase" wie bei den barocken Sprachreinigern will ja niemand.

Goethe und Shakespeare waren rare Ausnahmen, die meine Faustregel nur bestätigen. Kompromisse, die mancher anzielt, werden da leicht faule. Man muss sein Publikum anspruchsvoller machen und darf ihm nicht geben, was es will. Intransigenz scheint besser als "regressive Toleranz" gegen leichtkonsumierbar allbeliebte Kulturkonfektionsware, gegen bequem "kulinarische Kunst".

Anders ist es mit industrie-technischen Fortschritten, den man dagegenstellt; sie sind stets ambivalent, und ob das gesamte Industriezeitalter nicht inzwischen schon jedem weit über den Kopf wächst, ist noch gar nicht wirklich bedacht. So kritisch wie der Kapitalismus sollte vielleicht eher der gut zu ihm passende Industrialismus selbst betrachtet werden, ohne nun zum feudalen Landleben oder zum Sozialismus zurückzuwollen.

Schon Goethe sah die (zu seiner Zeit recht bescheidenen) "Fazilitäten des modernen Lebens" eher kritisch in Bezug auf unser aller Niveau.

Nichts gegen Occams scharfes Rasiermesser, aber die Kunst besteht darin, das Komplexe zu vereinfachen, ohne es zu verkürzen, zu trivialisieren und zu vulgarisieren. Dagegen Banales akademisch aufzuputzen, um Dürftigkeit zu verstecken, spielt für die Allgemeinheit wohl die geringere Rolle.

Es kommt der Kunst nicht darauf an, Probleme zu lösen, sondern sozial angebotene Lösungen immer problematischer zu machen, ad absurdum zu führen, alles Selbstverständliche immer rätselhafter zu sehen. Gelungene Kunstwerke sind mysteriöse Rätsel, die paradoxe Gründe für ihre Unlösbarkeit zeigen.
Moderne Lyrik, die etwas taugt, ist die radikalste künstlerische Negation der Bürgerlichkeit. Und seit der Romantik ist enigmatisch gekonnte Unverständlichkeit ein legitimes Stilmittel der Irritation, doch das ist kein Freibrief für jedes wirre Zeug.

Ausnahmen bestätigen die Regel, dass Rabenvater Staat nur Kunst und Kultur fördert, die ihn fördern und deshalb wenig taugen. Sozialstaatliche Förderung ist schon ein vernichtendes Urteil über die so geförderte "Kunst". Diese hört durch finanzielle Förderung auf, seriöse Kunst zu sein, und wird allzu leicht Propaganda und Zier-Ideologie.

Aber damit kein Missverständnis entsteht : Was unsubventioniert bleibt, muss deshalb noch keinen qualitativen Wert haben. Verkanntes ist allein deshalb noch nicht gut, weil es unbekannt bleibt und vielleicht zu Recht übersehen wird.

Mutter Sozialstaat ist ein Segen, der den Obrigkeitsstaat vor allem Aufruhr bewahrt und bewahrte, aber K(unst) & K(ultur) gehören nicht zum sozialstaatlichen Auffangnetz für Ungeschickte, invalide Stiefkinder der Natur und tragische Pechvögel. Seit wann sind Künstler geistig Behinderte?

Ein Schuh wird aus dieser Absage an alle staatliche *und* gesellschaftliche Subventionierung "geistigen Eigentums" erst dann, wenn sie sich ausweitet zu einem Plädoyer für *proletarische Künstler und Intellektuelle,* eine unabsehbar dringliche Utopie, die notgedrungen eher essayistisch als akademisch und (schon aus finanziellen Gründen) nur als eine Art von "Minimal Art" daherkommen kann. Eine solche „*K-&-K-von-unten*" möge nun nicht ausgerechnet "politisch engagiert" sein, auch nicht "volkstümlich" (vulgär") und kollektiv(ierbar), denn dann wäre sie von oben leicht berechenbar und kontrollierbar.

Das degagierte proletarische Unikum kreiert seine so gut wie unverkäuflichen Unikate. Staatliche oder gesellschaftliche und sozialstaatliche Förderungen würden eine solch wünschenswerte "Verfeinerung der Masse in ihren Individuen" (F. Pech) gerade verhindern. Aber mit solchen *prekären Individuen*, die nicht mehr mit Bierdosen und Online-Pornos vor Fernsehern verblöden, könnte man *es* nicht mehr machen, weil sie *es* nicht mehr mit sich machen ließen. Und solche "Maschinenstürmer" wären für den hochindustriellen Produktionsprozess fast schon verdorben und schon die soziale, nicht nur kulturelle Revolution selber, ohne nun sozialistisch zu denken.

Wer heute Preise gewinnt mit seinen geistigen Krea-tionen, hat sich schon disqualifiziert und einkaufen lassen, und das sage niemand, der ohnehin nie Ge-fahr laufen wird, ein Preisgeld ablehnen zu dürfen, das ihm nie zugesprochen würde. Zu hoch hängende Trauben sollen nicht zu sauer geschimpft werden, doch Verkaufszahlen, korrumpierende Fördermittel und Preisgelder sprächen schon gegen solche "Kulturschaffenden" von ganz unten. Diese hätten einen schier unendlichen geistigen Nachholbedarf, auch einen Bedarf nach geistigem Nachholbedürfnis, und ihre geistigen wie künstlerischen Hervorbringungen wären ebenso unendlich fragil.

Die vielen Herrschenden in aller Welt fürchteten und fürchten solche (noch kaum existierenden) *proletarischen Individuen* und intellektuellen *working poors*, aber eben nicht die (manipulierbaren) Massen und unterwanderbar kollektiven "Bewegungen".

Laut Sigmund Freud erfüllt sich ein Wunsch nur im Tag- und Nachttraum und liegt so etwas wie Glück nicht in der Bestimmung unserer Natur. Ein Wunsch sei lediglich die subjektive Art, wie wir erleben, von Trieben getrieben zu sein oder laut Karl Marx von Betrieben, aber die Ökonomie ist eben nicht unser Schicksal, sondern nur unsere Ungeschicklichkeit und unser Aberglaube.

Denken ist laut Freud Probehandeln,
wo Handeln und Verhandeln
doch nur Probedenken sein sollten.

Zwischen Beckett und Léautaud?

Ich denke, also bin ich besorgt:
Ich denke also, bin ich?

Immer nur dieses Sausen, mal wärmer, mal kühler
... dieser Wind über der Steppe, leeres Saugen der
Ferne am Gesicht hier ... diese kühle Beschaffenheit der Luft, vielleicht nur das Blutrauschen im
Ohr, ein vegetativer Grundton ... Nichts zu hören
und zu sehen ... Nur ein fahles Dämmern über den
Wassern auf dem Wege vom Dunkel ins Helle oder
umgekehrt und zurück, nicht auszumachen ...
nicht auszuknipsen und nicht zu erkennen ... Das in
der Luft erfrorene Sausen im grauen Lichtdunkel ...
ein Ziehen und sanftes Drängeln von allen Seiten,
aus wechselnden Richtungen, ein Zerren an Haaren
und Wangen, am Auge anders als am Hals ... ein
ziehendes Sausen, angesaugt von unsichtbar blei-
benden Zielen und gestoßen von unauffindbaren
Quellen ... wie kurz vor dem Ausbruch von Zahn-
schmerzen in der Nacht, in dieser „Wolfsstunde"
vor der Morgendämmerung ... dieses jahrtausen-
dealte Sausen ... Und nie etwas wirklich verstanden, nie irgendetwas, niemals. Auch niemals ver-

standen, warum nicht ... nie auch nur ein bisschen ... Irgendwann plötzlich verstanden, daß da nichts zu verstehen ... daß nie etwas je verstanden ... Immer nur davorgestanden wie ... wie die Kuh vorm neuen Tor und die dünnen Fühler ausgestreckt, wie man so sagt, um Fühlung aufzunehmen ... haha, Fühlung, auch so ein Wort aus ... ja, eben gefühlt ... was denn anderes gefühlt als den Stromstoß? Ja, was denn sonst ... Nie etwas verstanden, nicht das Allergeringste, nichts im Zusammenhang und nichts im einzelnen ... immer nur so ungefähr ins Ungefähre, um den donnernden Lastwagen in letzter Sekunde gerade noch ausweichen zu können, ja, und sich in die Büsche zu schlagen ... Nie etwas aus tiefstem Herzen eingesehen, nur ... nur diese Stromstöße ... Erst tut das weh, und es kommt ja wohl darauf an, daß es so schnell wie möglich nicht mehr weh tut ... das ist schon alles und ziemlich viel, mehr war da niemals ... Dann wieder Dösen. Dann Aufschrecken. Dann wieder Dösen und Dämmern. Aus heiterem Himmel, wie man wohl so sagt, wieder ein Stromschlag, von irgendwoher, mal stärker, mal schwächer, mal kürzer, mal länger ... Nie vorherzusehen, aber aus dem Gedächtnis miteinander zu vergleichen ... Und niemals irgendetwas gern gehabt, nie wirklich gern gehabt, nie mit ganzem Herzen gehangen an ... immer rechtzeitig losgelassen, was jemals zufällig in die Hände kam, sobald von irgendwoher ein fremder Anspruch darauf, von irgendwem ... eine Sekunde zu lange festgehalten: Stromstoß. Ein Krampf in der Hand, die nicht schnell genug losläßt, mehr nicht. Ach, diese Redewendungen von früher, ja, ja, aber die von heute sind fast noch schlimmer ... Nie etwas wirklich verabscheut, niemanden so richtig gehaßt ... so von Herzen zu Tode hetzen ... nie jemandem einen Wutanfall wert gewesen. Und nie jemandem gegönnt, einem so richtig wehzutun ... Immer alles noch so gerade rechtzeitig fahrengelassen, bevor ... und einfach dem überlassen, der daran zog ... Nie etwas begriffen, nein, nie in den Kopf hineinbekommen, niemals ... Und nie etwas gefühlt, außer diesen Kopfschmerzen ... Und keine Erleichterung durch warme Tränen. Aber was heißt schon Erleichterung, wo doch nie etwas wirklich schwer war ... Und dann und wann diese Stiche ... Reißen und Schneidendes durch und durch, vom Himmel bis hinunter in ... Das kann zugegeben werden, das gerade noch, ohne daß ... Und nie etwas ernst genommen, niemals ... Keine Zeit, das ruhig wachsen zu lassen bis, bis ... Aber auch niemals etwas leicht genommen ... Immer haarscharf vorbei an dem, worauf es vielleicht angekommen wäre, wenn ... Ach was ... Nie etwas wirklich gewollt und ersehnt und zu wünschen gewagt, mit allem Drum und Dran, so mit Mühe und List, es zu erreichen, oder mit Wut und Trauer, falls nicht... Und nur ganz wenig geatmet immer ... gerade so viel, um nicht im Gesicht blau anzulaufen ... Und dann kurze abrupte Ausbrüche von Ausgelassenheit, die Anfälle von Überdrehtheit, zwischen zwei Stromstößen, die aufgekratzte Schadenfreude, sobald einer in den Dreck fällt, mit der lauten Fresse in die frische Scheiße voll fetter Schmeißfliegen, ja, ja, ja ... und dann diese üppig aufgefahrenen Herrlichkeiten, das ganze strotzkalte Aufgebot ... auch manches halbwegs Gelungene darunter, dem die violettgeschwollene Stirnader noch anzusehen ... das zitternd Überanstrengte ... sie können nicht anders, es juckt und reizt sie, sie brauchen jemanden, vor dem sie es ausbreiten können, einen, der stillhält, wenn ... sie karren es heran und breiten es gern aus, vorteilhaft drapiert, vor beifallsüchtigen Hochglanzgesichtern, diese Autos und Häuser und ganzen Fabriken und Urkunden ... ihre Kinder und andere Kindereien ... und das ganze goldrichtige Verhalten ihrer Verhaltensforscher ... irgendwelche Beherrschungen und andere Ungeschicklichkeiten, all ihre Schätze, fragend aufgetürmt vor seinem wegwischend unsichtbaren Achselzucken, diesem unhörbaren „Na und?" ... Und unterwegs vergessen, wozu das alles gerafft und gehortet und heiß begehrt, warum so viele Opfer dafür, vergebliche Opfer so vieler toter Generationen, alles vergessen wofür ... Auch vergessen, daß alles vergessen ... Nur dieses leere Sausen im schmutzigen Dämmerlicht ... nie begriffen, daß längst alles begriffen, was zu begreifen ... Nicht einmal begriffen, was Begreifen wäre ... Nur ewig ins Halbdunkel starrend und horchend, bereit, alles loszulassen und sofort die Beine in die Hand zu nehmen, wenn es wieder ... Immer nur dieses Sausen, mehr nicht. Mal heißer, mal kühler, mal unspürbar fast. Dann wieder am Gesicht reißend, dieser unbewegte Wind über der Steppe. Ein hohles Sausen aus einer Ferne in eine andere gegenüberliegende Ferne, mehr nicht. Ein in der Luft erfrorenes Fauchen. Ein fast unhörbares Saugen aus der Zukunft, eine bloße Beschaffenheit der Luft ... oder vielleicht nur eine Eigenart der Ohren, der Grundton des Blutrauschens, aus einer Überempfindlichkeit heraus, aufdringlich. Und ein dreckfahles Leuchten, eher eine Qualität der Finsternis, ein Schimmer auf dem Wege vom Hellen ins Dunkle oder umgekehrt, nicht auszumachen, nicht zu erkennen und nicht auszulöschen ... ein leeres Sausen im Dämmerlicht, ein bloßes Ziehen und Drängeln des Weltraums, ein Zerren an Haaren und Wangen, mal wütend, mal schmeichelnd, an Hals und Augen, angesaugt von einem unerfindlichen Ziel, getrieben von einer unerreichbaren oder nie verlassenen Quelle, und der Ursprung ist nicht das Ziel, aber das Ziel ist die Quelle oder ähnlicher Blödsinn ... Nicht mehr von dieser Welt, nicht Wiesen und Felder, Schluß jetzt, nicht einmal Namen, mit den Namen fängt alles wieder an, dann gibt es kein Halten mehr, und mit dem Wort 'Felder und Wiesen' ist auch der Rest der ganzen Scheiße da, Schluß jetzt, damit das nicht erst einreißt ... Nie etwas erlebt und empfunden, nie etwas bemerkt und ... erfahren. Niemals ganz dagewesen, nie etwas je dagewesen ... nie ein Hindernis, nicht einmal gar nichts, nur dieser ... dieses ... Vielleicht der letzte sterbende Blick auf den Sternenhimmel und den Weltraum voller Energien, ungeheure Energieumsätze, die durch uns hindurchgehen, und wir in unserer windstillen Nische im wirbelnden Universum, auf unserem paradiesischen Planeten ... Ach was ... Alles nur zu gut verstanden und doch nichts genützt ... Aber vielleicht, vielleicht alles immer nur mißverstanden, dieses Sausen ... oh, diese wunderbare Schöpfung aus Nichts in Nichts ...

Paul Léautaud: „Literarisches Tagebuch" (Hamburg 1978)

„MONTAG, 25. JANUAR Wenn ich mir überlege, was ich bin und immer gewesen bin, dann komme ich zu Folgendem - und ich schreibe das nicht ostentativ, sondern wie für mich ganz allein: ich habe nie den geringsten Ehrgeiz gehabt, ich habe nie etwas ersehnt, ich habe mir nie das geringste Talent zugeschrieben, über Komplimente lache ich, ich bin nie irgendwohin gefahren, ohne mich sofort nach der Ankunft zu fragen, was ich da eigentlich wollte, ich habe mir nie etwas gekauft, ohne mich, sobald ich es bei mir zu Hause sah, zu fragen, warum ich mich damit belastet habe, wo ich auch hinkam, immer fand ich, daß alles sich gleiche, nie habe ich etwas restlos Angenehmes kennengelernt, gekostet, verspürt, gehört, nie hat etwas mich über den Trott immer gleicher Tage hinausgehoben. [...] Dabei bin ich im Umgang mit anderen äußerst vergnügt und amüsant, voller Schwung, treffender Bemerkungen, Einfälle, Spötteleien, boshafter Offenherzigkeiten, ebenso lebhaft in der Mimik wie in den Worten. Liegt das im menschlichen Wesen? Ein vergnügter Autor: ein trübsinniger Mensch. Ein komischer Schauspieler: ein trübsinniger Mensch. Ein geistvoller Mensch: ein trübsinniger Mensch." (1937)

„Was ich liebe, was mir gefällt, was ich mir gewünscht hätte, was ich vermisse, wonach mich verlangt, was mich begeistert - ich glaube, auf all das könnte ich antworten : Nichts." (24. 10. 1930)

„Die meisten Frauen sind frei herumlaufende Irre ... Je mehr man arbeitet, desto besser arbeitet man." (1951)

„Das Einzige, was mich aufrechthält, ist der Genuß, den ich daran habe, gegen alles zu stänkern." (24.2.1936)

„Meine eigentliche literarische Vorliebe gilt der Literatur, die geschrieben ist, wie man einen Brief schreibt ... Die großen Werke können mir gestohlen bleiben." (17.08.1927)

„Was ist Literatur? ... Eine Krankheit, ein Wahn, ein Hirngespinst, ein Delirium − von der ungeheuren Anmaßung ganz zu schweigen!!! ... reine Kinderei." (11.2.46)

Jugend- und Alterslektüren

Im fortgeschrittenen Alter bleibt von den jemals gelesenen literarischen Werken oft nur noch so etwas wie ein Aroma übrig, ein atmosphärischer Duft, der fast verduften will. Sollte selbst ein Satz daraus haften geblieben sein, muss er bei der Lektüre besonders beindruckt haben, aber nicht notwendig aus überwältigender Qualität, sondern aus nur zufälligen Lebensumständen, in denen er aufgenommen worden war. Er fiel gerade in eine passende Stimmung, die nächstens schon wieder vorbei war, so dass man sich beim späteren Wiederlesen einer Passage verwundert fragt, was einem daran einmal aufgestoßen sein mag.

Bleibt etwas anderes als eine gewisse bloße Aura, wenn überhaupt, im gealterten Kopf übrig von all den zeitlebens gelesenen Romanen, Geschichten, Schauspielen und Gedichten? Was wird er davon noch einmal wiederlesen wollen und ihn dann noch genauso begeistern, erschrecken oder anöden wie den Jüngeren, der er einmal war?

Wer genauer wissen will, ob und wie er sich im Laufe seines Lebens verändert haben mag, könnte einige Favoriten seiner Jugendzeit sich noch einmal vornehmen. Die meisten Seiten daraus werden ödes Blätterrascheln geworden sein, ohne Nachklänge.

Den **Sartre**, der schon den Gymnasiasten so in Bann geschlagen hatte und den er gegen den verachteten Goethe-Schiller seines Deutschlehrers glühend verteidigt hatte, liest der Graukopf heute, las schon der Dreißigjährige ganz anders. Aus dem harten französischen Realisten war unversehens ein schwarzer Romantiker geworden. „Das Sein und das Nichts", aus dem ein Max Horkheimer nur das mechanische Stampfen von verdinglichten Begriffskolben herausgehört hatte, übt noch immer den alten Zauber auf mich Alten aus, aber der unverwechselbare Stil der Ideendramen und Ideenromane zeugt mir nicht mehr von bezwingender Lebensnähe, sondern im Gegenteil von blumiger Sentimentalität, ein furioses Feuerwerk eher von französischer Rhetorik als von philosophischer Tiefe. „Die Fliegen" deklamieren „oberlehrerhaft" (G. Benn), „Kean" deklamiert oratorisch, und der blendende Effekt überwuchert den fraglicher gewordenen Wahrheitsgehalt. Immerhin genügt der hinreißende sprachliche Faltenwurf noch immer wie vor einem halben Jahrhundert, um die rélecture zu erleichtern, wenn auch aus etwas veränderten Gründen. Beauvoirs mehrbändige Memoiren und ihre „Zeremonie des Abschieds" bewahren dem gerührten Alten etwas von seiner erznaiven Jugendbegeisterung für „Poulou" und „Pollux", letztlich vielleicht nur zwei hochintelligente Wirrköpfe.

Der Philosoph *Sartre* überzeugte bereits ein Jahrzehnt später sehr viel weniger als z.B. ein **Adorno**. Dieser übrigens blieb einer der wenigen Denker, die als Gesamtkunstwerk heute noch genauso faszinieren wie den Zwanzigjährigen, der ich einmal war – trotz aller inzwischen dazugekommenen Kritikpunkte und Zweifel. Sein Stilritual übt und übte einen ähnlichen Zauber auf mich aus wie Sartres geschliffene Rhetorik oder *Blumenbergs* phänomenologische Pirouetten und Florettschritte.

Den Neophänomenologen Hermann **Schmitz** hatte der Frischmaturierte in Kiel gehört und schätzen gelernt bis heute. Ein jahrelanger Briefwechsel in späteren Jahren frischte die Jugendeindrücke auf und vertiefte sie bleibend. Ein Großteil seines leibhaftig affektphilosophischen Werkes steht auf meinen Regalen und wird gelegentlich zum Nachschlagen bemüht : Alles Einzelne sei erst aus atmosphärischen Gesamteindrücken sprachlich expliziert, und eine seelische „Innenwelt" gebe es überhaupt nicht.

Die Natur(wissenschafts)phänomenologin Hedwig **Conrad-Martius**, die den transzendentalsubjektivistischen Schwenk ihres Lehrers Husserl nie mitgemacht hatte, entdeckte noch der Gymnasiast für sich, schrieb sie an und hütet noch eine freundliche Antwortkarte der bereits Todkranken. „Der Raum", „Das Sein" und auch „Der Selbstaufbau der Natur" faszinieren mich ungebrochen noch Jahrzehnte später, obwohl ich sie nur noch wenig lesen mag. Ihre Grundgedanken aber sind seither in Fleisch und Blut übergegangen.

Obwohl ich Hans **Blumenberg**s Grundgedanken nie teilte, lese ich ihn immer einmal wieder gern und genieße diese hochreflektierten Feinsinnigkeiten.

Ein **Heidegger** hat sich diskreditiert und inzwischen sein etymologisches Denken einigen Reiz verloren.

Aus der Tradition interessiert am menschlich fragwürdigen *Seneca* noch das aphoristische Stilideal im Lob seiner gelehrten Muße. Zwischen *Hegel* und *Schopenhauer* wähle ich heute so wenig wie früher: Ich lese sie beide nur allzu gern. Und die Literatur?

Kramen wir einmal wahllos in uralten Erinnerungen. *Boswell*s „Doktor Johnson" amüsiert z.B. weiterhin, während Marquis *de Sades* „120 Tage von Sodom" inzwischen nur noch abstoßen. Unverständlich, dass *Goldsmiths* „Vikar von Wakefield" jemals gefiel! *Balzacs* „Verlorene Illusionen" findet der Ältere wieder wie den Reiz von *Flauberts* „Lehrjahren des Herzens". Auch Saul *Bellows* „Herzog" hat den Alterstest so gut bestanden wie *Gides* „Tagebücher". *Mallarmés, Valérys* und *Rilkes* Lyrik sind mir leider inzwischen verblasster als die *Hölderlins* und *Eichendorffs* (sic). Lermontows „Held unserer Zeit". *Svevos* „Zeno Cosini", *Moravias* Erzählungen, *Diderots* „Rameau", *Chateaubriands* „Memoiren", *Cicellis, Pirandellos* und *Paveses* Erzählungen, Henry James´ "Frauen von Boston" wie *Dickens* „Große Erwartungen" wollen noch einmal überprüft werden, ob sie den Zahn der Lebenszeit überstanden haben. Aber wird der Greis dazu noch kommen?

Der Abiturient war begeistert von so etwas wie pechschwarzer Kunst, die ihm z.B. entgegenkam aus *Zolas* „Erde", *Ibsens* „Gespenster", *Strindbergs* „Totentanz", *Shakespeares* „Richard III.", *Faulkners* „Freistatt", *Hemingways* „Fiesta", *le Clézios* „Protokoll", *Camus´* „Fremden" und „Caligula", *Williams´* „Plötzlich letzten Sommer", *Baudelaires* „Blumen des Bösen", „Manhattan Transfer" von *Dos Passos* oder *Huysmans´* „Gegen den Strich" :

Das alles langweilt (oder erschreckt) den Angejahrten heute zu Tode. Im Belanglosen verloren haben sich derweil *Cocteaus* „Thomas der Schwindler", *Flauberts* „Bouvard und Péchuchet", *Malrauxs* "Königsweg". *Aragon, Pessoa, Genet, Joyce* und *Beckett* z.B. kann der Alte überhaupt nicht mehr lesen, ohne angeödet über den gestorbenen Jüngling in sich zu lachen und den Kopf zu schütteln.

Meinem und ihrem Alter standhalten konnten die meisten Arbeiten von *Chesterton, I. B. Singer* und *Arno Schmidt,* manche von *Maupassants* und *Tschechows* Geschichten, auch *Thomas Manns* „Zauberberg" („souveräne Mache", W. Benjamin) und von *Nossack* nur noch die „Tagebücher", nicht mehr „Spätestesten im November", „Das Mal" oder „Der Fall d´Arthez". Von *Huxlex* bleiben dem Alten noch der „Kontrapunkt des Lebens" und einige Essays. *Célines* „Tod auf Kredit" hatte den Greis ebenso gelangweilt wie den Jüngling gefesselt. So ging es ihm auch mit *Hardys* „Grünem Rand der Welt". *Dostojewskis* und *Doderers* „Dämonen", obwohl szenengesättigt jugendbunt, überstanden die Zweitlektüre besser als etwa *Sartres* „Zeit der Reife" und „Pfahl im Fleisch". Nathalie *Sarrautes* originelle großbürgerliche „sous-conversation" schmeckt mir nur noch in kleinen Dosierungen verdaulich, und auch *Prousts* mäandernde Salonmusik ermüdet den Wiederlesenden immer sicherer. Die Blätter von *Fontanes* reizenden „Briefen" scheinen mit manchen seiner Romanwelten gar nicht mitzuwelken.

Allgemein ziehen dicke Romane mich weniger an als früher; Debuts der Jüngeren verfolge ich nicht mehr. Der alte Mensch steht nicht mehr in den mannigfaltigen Verwicklungen des Lebens und Verwirrungen des Herzens. Was interessieren den Siebzigjährigen noch die Sorgen und Nöte von Zwanzig- bis Vierzigjährigen, von Kids und Teens ganz zu schweigen? „Zwischenmenschliche Beziehungskisten" und Berufsprobleme, die zwei Säulen der Durchschnittsexistenz, sollten sich erledigt haben, und Lustgreise wirken eher widerwärtig. Der bunte Reigen der Lebensverhältnisse ist dasselbe immer neu gedrehte Jahrmarktskaleidoskop und ermüdet die gewohnte Anteilnahme, die sich am Ende gern auf resümierende Bilanzierungen und distanzierende Bonmots verschiebt. Die Lebenswelt schrumpft auf ihre Essentials, bewährte Gewohnheiten werden erträglicher als riskante Abwechslungen; Entlastung wird wichtiger als mühsame Sinnsuche durch trial and error. Da liest man auch frühere Favoriten eher wieder als heißempfohlenste Novitäten des Tages.

Was in den Betttrieb reingesteckt wird, muss sich amor'teasieren

Schaufell, Aff'roh'dizzy'ahh'kumm! TranceFestitt, and pen is penis. Well, wet under ground mit SchamPo und Pollytour, du Eideckse mit diesem po'ethischen Geschlächtsorkann, er'presse, best'ich & bett'rüge! Haßt du mich noch lieb und die Uns-Sucht und das hairliege GRund-Zen, du Lotter'ie? Les(s)Bos(s)?

Du pißt ei'ne glansvolle und b'lend'ende Ergeld-scheinung, du mannisch-depp'press-schiefes Zück'-klo'tüm! Als Kind hatt´ich den Ass'thron'au'Tic und woll'te LokusmoTiefverführer wer'den o!der SoßziehAalList : Heu'te beuge ich Polly-gammler mich der Parkbanknotenwendigkeit, dem Ritt-uhh-Aal der FrustRation und der Es'kam'o-Tage.

RittMus orGasMusicunTaten am ZuSamenhänge-busen der Nattour, Youbelle & AssKäse au'f dem Fuckihrbett. FrüHerr Ohn'Annie on any und jet'zt Gans leckahl und in'die'Vieh'du'Aal. Krieg iiiich Inge'nie'um, wennich MitTier inTeam bin?

Sie'st ei'n MoLoch mit viehl ESsprit und Übel-Ich
und nietlieg eingefickelt in Geschenkelpapp'ihr,
mit obsschönem Großod(eur) und ei'ner Ackselle-
riephallte voll Desotteranz.

Für meinen LiebLingam hatse den Vulvgang d'och
immervoll SpEichel, und ich ge(hei)rate ins Hin-
terntreffen mit meiner Cunnst & WisentSchafft und
Schiet'so'free'nie, iiiich (t)oller amTierEnder Pun-
ZenB(e)renner.

Wir knut'schen und rutschen(keln), und du wir'st
gebührstet, und ii-ch in deiner GeWald und Gans-
BrutAal in deiner offertigen Schaffottse. Ich bin
auf- und du pißt angerichtet, abgeriechtet, ii-ch
liebkoste vom FlEi'sch, ich Bett'ler in dEi'ner
Bückse, du zackhafte Heckse! MACH 1 mit mir:
Au'FF'wund nie'der! Hi-Nein, Herr'ein und
FRau's, Herr'au'f und Fraunter : Das'iss das otto-
manische Glühck mit Glans und Gloria und
gLanz und Ellende. Ich bewund(er)e deine herr-
liege Fickuhr, und wirr t'reiben ES willd.

Kos'spieliege Säck'suhl'aahh'lit'tete, ohrAal uuund
ziem-lieg e(rot)Tisch ... Ich bi'n ein speckkuhlahh-
tiefer VielOsoff und happ n'och Schuldern bei dir;
du echtst und sthöhnst und strümpfst die sDirn und

pfeilschst um deine Rittze und spAlte vor meinem SkiZooPhrenulumpennies, und allES intraVenus in den AffTerre, After'nun o'der mitNeid!

Ich bin n'och juck'endl'ich und kau'm färb'raucht, bin masskuh´lin kommpackt. Willst mir Ei'nenn blablasen und runderhole'n? ToiTäuFell Satt'an-ASS, du Non'nee pißt Mund'er und testiculierst, Abusus mit d´einem Abyssus. Wie Es sch'merzt! HerrStellung, PferdTrieb von PoRR´noGravidität, äh'leckThronNische Gepfühle und Nix' nur g'rauhe Deorie! Ich berückensiechtige ja! au'ch deinen Ass-peckt, wir liegen d´ort Bei Samen seelieg k'rank mit sch'wachen gLiedern.

MittelStändl'er und Bursch-war-sie : Look,sus! Ich bin HättErophilister und homo´phil(o'soFisch)er FoetTischißt mit VersTopFunk und sitze in deinem Satt'elle, n'ur 1 min'Ute im FrAuenzimmer, du Mietmensch und curlGörl wehrst d'ich n´och im kosbaren Untermieder, proustend voll Into-SieAss-Mus, überschwengelieg und langSam zuckgLeich, Mad'ame.

Ein EStete behahndellt d'ich, like a piß off Schock-lit,Doris. Deine AuGen gliedzern fiebprick, undich fernarschdich mit fRäude, es gliedscht & prickgellt schlüpferiech und schn'auf'end, du sch'wätzt und sch´wetzt und sp'reizt und sch'wühlst bei Nackt und Nabelle, sehr cockcat, wie du b'leibst und k'lebst, Wenn'de Wände scheu'erst und hemm´erst und sch'raubst m'ich auf unserm DOPellBett, da'nn schrei'b und sch'reib: ES k'lappt mit k'Euch! Per-Vers! Gellechter im Dungell, wie du spr'öde sp'ringst und zot(t)ellst, k'narrst & st'rammpellst mich mit deiner SpRache. Da's rundZelt s'ich & sch'will't und sch'wild. Dig it, Aal : komm, Puter! Pa'tree'arschAale HierArschiihh! Wull, wa? Wag i nah? Will i, Willi? − ? Fahr, Gina! FuckinAahh mit WahnNille, Nearwahnahhh, schauriech buschwarz, MarmelAde, das absolUte MiniMumm und kleb-rieche Speermamaahh und SperrMater´ialisMus, sch'reite aus, und wElch ein KittZell, ohh Sehnen-sucht!! Du cunnst mich beschinken auf fetternden Kiss'en. W'immer, massEve FrEiFrAU, ich strEI-chel dein Halts, deine Hüpfte, dein toll'leeranzes Geface, du bLack Büx mitt In- & Houtputz, Es sprit'zt und esp'ritzt, wehNuß, mitt PoMade aufm Mons wenn'er'riß : Reh'wollte & Rehwollustion! Macht Or´Gas'Mus ... auseinander, ihr KastRatio-nalisten : Cherchez la feminisme, la femme fatalis-me et la femmille, du Stern im Du´stern. Amor-Aal? − ?! Meine Fresse, zum Fressen lieb? Er'st kommt das Fressen, dann die Mm-oral des Fressens.

Kein Gedanke ist der Vater
unglücklicher Wunschlosigkeit

Was wünschen wir uns alle "aus tiefstem Herzen"?

z.B. ewigen Weltfrieden. Also keinen Krieg gegen den ewigen "Arbeitsfrieden" der großen Tyrannen und Menschenschinder?

z.B. ungehemmte Freiheit. Also Orientierungslosigkeit und die hemmungslose Willkür unbelehrbarster Beliebigkeit?

z.B. Liebe. Wenn allein liebenswerte und liebenswürdige Leute geliebt würden, blieben zu viele ungeliebt und unbeliebt.

z.B. Gerechtigkeit. Wenn es aber ganz gerecht zuginge, würden zu viele Leute gar nichts abbekommen vom großen Weltkuchen. Für und gegen seine Gene kann niemand etwas, und was ist ungerechter verteilt als Erbgut und Talente von jedem? Sein Naturell und seine Schaffenskraft hat niemand aus eigener Kraft erschaffen; warum also sollte dessen fleißige Lebensleistung eigentlich belohnt werden? Wenn Gott nur nichts als gerecht wäre, würden ja fast alle Menschen in die Hölle gehören, oder?

Aber es gibt natürlich auch private Wunschbilder. Jeder glaubt magisch an seine eigenen Herzenswünsche, aber was du als ureigenste Wunschphantasie empfindest, ist beinahe niemals auf deinem Mist gewachsen, sondern selber gesellschaftlich vorfabriziert worden. Du glaubst und wähnst ja nur, deinen eigensten Wünschen und Interessen, deinen Leidenschaften und Zielen zu folgen, und willst gar nicht merken, dass du damit nur den oft raffiniert verkleideten Kommandos deiner Zeit parierst, die hinter deinem Rücken, aber durch deine innersten Herzenswünsche hindurch ihre sinistren Zwecke verfolgen, die unerkannt weit über dich hinausgreifen ...

Der große Philosoph *Friedrich Hegel* erkannte darin die "List der Vernunft" in der (bisherigen) Weltgeschichte. Jeder wünscht sich und für sich leidenschaftlich, was der "Zeitgeist" der Gesellschaft, die "verwaltete Welt" *(Max Horkheimer)*, das "eiserne Gehäuse der Zivilisation" *(Max Weber)* immer schon als wünschenswert in ihn vorinstalliert haben, meist in der Kindheit, lange bevor er zum Bewusstsein erwacht und sich dagegen wehren kann.

Dann ist alles Wesentliche schon gelaufen, und man rackert sich zeitlebens für solche höchst mächtigen Phantome ab, deren Zweck und Herkunft den meisten meist verborgen bleiben. Jeder hält sie für sein eigenes ellenbogenfreies Innenleben, aber ist denn ein Wunsch freier als ein Gedanke oder eine Tat? "Wo du bist, könnte Es sein." *(Nils Minkmar)*

"Dein Wunsch ist mir Befehl"? Oh nein, umgekehrt, ein höchster anonymer Befehl wird mein eigener tiefster Wunsch!

Nicht nur Güter werden ja hergestellt, auch die vermeintlich "individuellsten" Wünsche und Bedürfnisse danach werden selbst kulturindustriell produziert – und uns rechtzeitig schon über Familiensozialisationen implementiert. Es ist sehr viel schwerer, als man(cher) denkt, sich selbst und anderen etwas ganz anderes zu wünschen, als "man" sich und anderen so gemeinhin wünscht und wünschen soll(te).

Darüber denkt menschliche Reflexion nach, die sich Philosophie nennt.

Sind wir nur noch sozialtechnisch rückverkoppelte "Wunschmaschinen" *(Deleuze/Guattari)* und werden "bedient", in jeder Bedeutung dieses Wortes,

von unadressierbaren anderen Wunschmaschinen?
Ist das hier nun nur eine bekloppte Dystopie oder
doch in Mark und Herz treffende Zeitdiagnose?

Davon abgesehen hast du drei unfreie Wünsche frei:
"Wer seine Wünsche zähmt, ist immer reich genug."
(Voltaire)
"Der Wunsch ist ein Wille, der sich selbst nicht ganz
ernst nimmt." *(Robert Musil)*
"Ungeschoren zu bleiben, ist der Wunsch aller Scha-
fe." *(Karl Kraus)*

Erst **tat** ich viel,
um glücklich zu werden,
dann **wollte** ich es wenigstens,
dann **wünschte** ich es mir nur noch.
Nun schlaf ich ein
und **träume** lediglich,
wunschloser zu werden
als andere.

"Es werden mehr Tränen über erhörte Gebete
vergossen als über unerhörte."
(Heilige Theresia von Avila, 16. Jahrhundert)

Der Wunsch aller Wünsche aber geht aufs Glück.
Benn definierte : „Dumm sein und Arbeit haben."

Mach dir einen Begriff von allem und kein Bild

„Du sollst dir kein Bildnis noch irgendein Gleichnis machen, weder von dem, was oben im Himmel, noch von dem, was im Wasser unter der Erde ist: Bete sie nicht an und diene ihnen nicht!" (5. Mose 5, 8 - 9).

Das alttestamentarische Bilderverbot scheint nicht nur die Bildende Kunst mit einem Bann zu belegen. Es besagt, daß das natürliche Original wichtiger sei als die künstlerische Kopie, daß das schöpferische Werk nicht die göttliche Schöpfung verdrängen dürfe. Aber Kunst will nicht die Schöpfung verbessern, sondern was Menschen daraus gemacht haben. Von der Welt sollst du dir kein Bildnis machen, aber ein Bild und einen Begriff? Sind mit den Bildnissen die geistigen Nachbilder natürlicher Dinge gemeint oder umgekehrt die sinnlichen Bilder (Metaphern) für geistige Vorgänge oder beides? – Flaubert, Baudelaire, Mallarmé, Valéry, George und ihr Philosoph Adorno träumten vom autonomen Kunstwerk, das sich seines Schöpfers bedient, und nicht vom autonomen Künstler, der sich seines Kunstwerkes bedient. Wann kommt die Literatur in Konflikt mit dem Wort Gottes? Das Wort ist Gottes, also kein Sprachmaterial für poetische Bearbeitung. Adorno geht marxistisch von dem geschichtlichen Entwicklungsstand der Sprachmaterialverarbeitung aus und spricht von künstlerischen

Produktivkräften, Rohstoffen und Produktionsmitteln. Aber seine „immanente Methode" fetischisiert diesen „Wahrheitsgehalt autonomer Kunstwerke". Der „sinnliche Schein der Idee" verdunkelt eben diese Idee selbst. Adorno ist zwiespältig zwischen Dichten und Denken; Karl Heinz Bohrer hat ihm diese Ambivalenz mal vorgerechnet : Einerseits werde der Vorrang der Kunst vor der Theorie und der Wissenschaft postuliert, andererseits der Wahrheitsgehalt der Kunst erst von der philosophischen Auslegung des Kunstwerks erwartet. Philosophie beziehe ihren Wahrheitsgehalt von avancierten Kunstwerken, die ihrerseits aber erst von der Philosophie erfahren, was sie sagen wollen. Kunstwerke zeigen (auf) die Wahrheit, und Philosophien sagen, was sie an Wahrheit zeigen. Bei Adorno wird der an sich begrüßenswerte „Vorrang des Objekts" vor der Subjektivität zum Vorrang des Kunstwerks vor seinem Schöpfer. Der Sklavendienst am Kunstwerk ist kein Gottesdienst an der Schöpfung. Wo kollidieren göttliche und künstlerische Schöpfung? Ist der Künstler der Demiurg seines Werks wie die Welt das Kunstwerk ihres Schöpfers? Die Prosa sieht durch die Fensterscheibe der Sprache auf die Welt, Poesie betrachtet das Medium der Sprache wie eines der durchscheinenden und undurchsichtigen bunten Kirchenfenster. Prosa sieht durch die Worte auf die Dinge, Poesie sieht die Worte als Dinge sui generis und macht eine eigene Welt ganz aus Worten. Gedichte sind die Dinge, die sie nicht bezeichnen, und Romane bezeichnen die

Dinge, die sie nicht sind, wenn man einmal Sartres Literaturverständnis zugrunde legen soll, das er 1947 niedergelegt hatte in seinem Essay „Was ist Literatur?". Sartre wollte engagierte, Adorno aber wollte autonome Kunst, und beides kann die Wahrheit mitnichten für sich pachten. Was nütze ich denn einem Kunstwerk, das mir nichts nützt, ja, aber dient mir nicht nur eine Kunst, in deren Dienst ich mich stelle? Auch Sartre wollte keine plakative Thesenliteratur, die allein außerkünstlerische Theorien anschaulich illustriere : Ein Roman, der das Leben in ihrem Schatten schildere, sei ein Roman gegen die Atombombe, ohne sie ein einziges Mal mit Namen zu nennen. Ist das biblische Bilderverbot ein Kunstverbot oder nur ein Verbot, die wahre Kunst über die bilderlose Wahrheit zu stellen? Kunst kommt von Können, aber nicht von Kennen. Selbst der Kunstkenner kennt nicht die Wahrheit, für die er nur sensibel machen kann und auf die Kunstwerke nur Appetit machen. Die Kunst verfeinert das grobe Denken und bildet die Individuen, welche nach der allgemeingültigen Wahrheit fragen. Die Sprache ist der Wahrheit verpflichtet, nicht die Kunst. „Die Dichter lügen zu viel", sagte Platon und warf sie aus seinem Idealstaat hinaus. Kunst ist laut Thomas Mann nur „höherer Jux". Der Erwachsene freut sich mit den großen Kindern und an ihren kleinen Spielen, er läßt sie gewähren, doch er weiß es besser. Kunst war Hegel zum Trotz so wenig wie Philosophie je die authentische geschichtsmächtige Gestalt der Wahrheit.

Aphorismen zur Hoch- und Vorschulweisheit

Das Fernsehen, so heißt es, habe die Anzahl aller Bücherleser nicht dezimieren können. Das ist sehr wohl möglich und wahrscheinlich, denn die Zahl der Bücherwürmer ist immer so niedrig gewesen, daß sie durch rein gar nichts mehr in erheblichem Maße gesenkt werden könnte. Viel mehr, als es selber groß ist, kann etwas Kleines schließlich nicht verkleinert werden. Wer vom Fernseher nicht wegzubringen ist und trotzdem noch ein paar bebilderte Druckwerke überfliegt, will gar nicht so genau daraufhin untersucht werden, was er denn so liest.

Kultiviert ist heute schon, wer überhaupt liest, egal was. Selbst Hochschulabsolventen haben jetzt kaum bessere Allgemeinbildung als die ungebildete Allgemeinheit und unterscheiden sich von Legasthenikern nur noch dadurch, daß sie Schecks ausschreiben und seichte Zeitgeistromane, Fitnessfibeln und umweltanschauliche Schmonzetten ohne begriffliche Präzision lesen, wenn es nur keine zeitgeschichtlichen Untersuchungen, philosophischen Grundbücher und kulturgeschichtlichen Werke von leidlichem Anspruch sind.

Das humanistische Bildungsideal wurde nicht abgeschafft, weil es obsolet wurde, sondern weil es zu viel Mühe macht, und soziale Privilegien haben nun nicht einmal mehr kulturelle Legitimation.

Nie bestand die Gefahr darin, daß eine Universalsprache das Lokalidiom auslöscht, sondern daß der Nationaljargon die Weltsprache verdrängt, bis jeder wieder mit seinen eher gewaltsamen Träumen allein ist in seinem Kaff und Kral. Langer Rede kurzer Unsinn: dieses Pasquill ist ein Plädoyer für die Rückkehr des großen Latinums an unsere Schulen, wenn es für das Griechische zu spät ist. Griechisch war die Sprache der ersten Demokraten der Welt, Latein war die Rhetorik der ersten Republikaner der Welt. Nur Leute, die ihre eigene Muttersprache nicht besser beherrschen als ihre deshalb verachteten Gastarbeiter, können ernsthaft dagegen sein, daß auf den Schulen wieder die Sprache der sophistischen Volksaufklärer gelehrt wird und die Sprache der römischen Senatoren oder der biblischen Patriarchen. Nur Leute, die die reine Natur für einen Komposthaufen halten oder für ein Liebesgefühl, können die Mühe scheuen wollen, die Heisenbergsche Unschärferelation und die Relativitätstheorie Einsteins zu studieren.

Wer Griechisch aus den Schulen vertrieb, muß Antidemokrat gewesen sein. Wer sich nicht schämt, noch niemals etwas von Roten Riesen und weißen Zwergen gehört zu haben, ist auch stolz darauf, Ovid für eine Antibabypille zu halten und die Kernfusion für eine Sache des Kartellamtes. Man sagt, die Curriculumforschung der Universitäten habe die klassische Bildung durch klassische Physik verdrängt und ersetzt. In Wirklichkeit ist wohl beides zugleich aus unseren Köpfen vertrieben worden durch *Klasse Musik* und Klassefrauen. Man sagt, wir lernen kein Latein mehr, weil wir Französisch lernen sollen. Das Ergebnis ist, daß wir weder Petron noch Pascal lesen können. Man sagt, Latein sei eine tote Sprache und Englisch nicht. Das klingt, als sei Latein nicht mehr im Lehrplan, weil es eine tote Sprache ist, wo es doch in Wirklichkeit umgekehrt nicht mehr lebt, weil es nicht mehr gelehrt wird. Wenn ganz Europa sich wieder wie im Ur-Mittelalter über Gott und die Welt in lateinischer Sprache unterhalten würde, wäre das Heilige Römische Reich längst durch die EU ersetzt – und die Grenzen der Nationalsprachen wären nicht länger die Grenzen unserer Welt. Welchen Babelturm müssen wir erbaut haben, um gestraft zu sein mit diesen landessprachlichen Provinzialitäten, die jede globale Dialektik zu einem Lokaldialekt verkümmern lassen. Verbindet uns seit Marx selig nicht mehr eine Weltsprache, sondern nur Slang des materiellen Elends? Naturwissenschaftler sind Kulturbanausen, heißt es, und die Gebildeten sind stolz darauf, nichts von dem elektrischen Strom zu verstehen, den sie anknipsen. Naturwissenschaften verstehen ja von Geisteswissenschaften ebenso viel wie die schönen Künstler vom mathematisch-technisch-industriellen Komplex der *hard science*, nämlich weniger als gar nichts. Goethes Naturgedichte genießen noch heute Weltgeltung, seine Farbenlehre, die ihm wichtiger war all seine literarischen Werke zusammen, ist bis jetzt endgültig Opfer des wissenschaftlichen Fortschrittsdusels geworden. Die Wissenschaft hat sich für Newton gegen Goethe entschieden, aber der Publikumsgeschmack hat sich für Goethes Gedichte und gegen Newtons Religion entschieden – und neuerdings gegen beides.

Es gehört heute zur Allgemeinbildung, daß etwas so Volks- und Umweltschädliches wie die Naturwissenschaften einfach nicht zur Allgemeinbildung gehört. Das ist nicht peinlich, solange zur modernen Allgemeinbildung die völlig ungebildete und unbelesenste Allgemeinheit gehört. Die Naturwissenschaft gehört heute nur in die Ausbildung von Fachidioten, die von ihrem Industriearbeitsplatz aus Mutter Natur hochtechnologisch vergewaltigen und beschmutzen, heißt es. Man sollte meinen, die Begeisterung für physikalische Welterklärung sei im selben Maße gestiegen, in dem die nie recht überschäumende Begeisterung für klassische Bildung abgenommen hat. Tatsache aber ist, daß die Formelsprachen der Physik und Chemie jetzt so totgesagt sind wie die lateinische und die griechische Sprache zusammengenommen. Naturwissenschaftliche Ausbildung hat die klassische Bildung des gewöhnlichen Unsterblichen nicht überlebt. Beides dürfte unterschwellig mehr miteinander zu tun haben, als gemeinhin vermutet wird, falls dieses Thema überhaupt noch irgendwelcher Vermutungen gewürdigt wird. Wer Latein aus den Schulen vertrieb, muß ein Feind der zweiten Republik sein. Latein war die universale Gelehrtensprache des Mittelalters, und Mathematik ist die universale Wissenschaftssprache der Neuzeit. Beiden Sprachen wird strenge Kühle und handliche Lakonie nachgerühmt − und vorgeworfen: $E = m \cdot c^2$ klingt fast wie eine lateinische Sentenz, und *nemo saltat sobrius*, niemand tanzt nüchtern, ist fast ein Naturgesetz. Europas Ur-Aphorismen waren lateinische Sinn- und Widersinnsprüche und Sinnwidersprüche, lakonisch geschliffene Formeln und elegante „Weltbegriffe der Philosophie". Die mathematischen Formeln der Forscher sind so etwas wie die Aphorismen der Naturwissenschaft, und die Aphorismen umgekehrt sind gleichsam die Differentialgleichungen der europäischen Intellektuellen.

Wir demonstrieren gegen Atomkraftwerke und verstehen nichts von Kernspaltung. Wer ist nicht gegen Reagans 'Krieg der Sterne', wer hält Astrophysik und Röntgenlaser denn nicht für TV-Science-fiction? Wir reden von Sonnenkraftwerken und haben keine Ahnung vom Zweiten Hauptsatz der Thermodynamik. Wir hassen alles Mechanische und kennen nicht die Formeln der Stoß- und Fallgesetze auswendig. Wir halten es für logisch, Bauern und biologischen Anbau zu fördern, und halten Biologie für die Logik von schönen Feuchtbiotopen mit unserer Wald- und Wiesenansicht von Wald und Wiesen. Biochemie halten wir für eine chemische Vergiftung unserer biologischen Substanz, und wir ahnen nicht, wieviel mehr Schulweisheit es gibt als das, was wir uns zwischen Himmel und Erde so alles träumen lassen. Wer weiß von der bösen Gentechnologie mehr, als daß sie das Erbgut erbschlecht machen soll? Wir demonstrieren gegen US-Raketen auf vaterländischem Boden und können nicht einmal die Flugbahn eines Steinwurfs berechnen. Wir wollen einen reinen Rhein und haben von Hahazwoooohh gehört. Wir verachten die Naturwissenschaften, von denen wir nichts verstehen, und halten seit Jahrhunderten unsere vornehme Verachtung für angewandte Kultur. Wer Latein für eine medizinische Geheimsprache zur Irreführung von Kranken hält und die griechische Sprache für einen ausgestorbenen Päderastenjargon, der wird auch Einsteins Relativitätstheorie für eine Verschwörung halten und die formale Logik für eine perfide Knebelungstechnik des freiflutenden Geistes. Wer stolz darauf ist, noch nie etwas von Platons ‚Parmenides' gehört zu haben oder 'de rerum natura' von Lukrez, der ist auch nicht ganz zerknirscht darüber, nichts wissen zu wollen von Quantenphysik und elektromagnetischen Wellen.

Mephisto : Mein teurer Freund, ich rat euch drum
Zuerst Collegium Logicum.

Ein Buch über formale Logik ist weder das Buch der Natur noch das Buch der Umwelt oder das Buch der Bücher, aber unseren Irrationalisten erscheint es wie eine blut- und bodenlose Verkopftheit, die gehörig geköpft gehört.

Ist es Zufall, daß der Geist der geselligen Konversation ein Monopol der romanischen Sprachen scheint? Die Einheit von Witz und Wissenschaft ist eben kein Jägerlatein, und Griechisch ist für die meisten leider nur noch so etwas wie eine sexuelle Perversion. Das Latein und das Altgriechisch gelten als veraltet, weil sie die Sprachen der Alten sind. Die Antike ist so antiquiert, daß wir sie weniger überwunden als es noch gar nicht bis zu ihr gebracht haben.

Natürlich muß niemand erst die physikalischen Prinzipien der Atombomben kennen, um sich gehörig vor ihnen fürchten zu können, und die gute Kenntnis dieser Prinzipien schützt nicht vor der Radioaktivitätsfurcht. Aber die Angst vor der Bombe wird verstärkt durch die Angst vor dem Wissen um ihre physikalischen Prinzipien, und die Angst vor ihr befreit auch nicht von der Nützlichkeit, sich das ihr zugrundeliegende Wissen anzueignen. Wer das in mathematischen Lettern geschriebene Buch der Natur so wenig zu lesen versteht wie das in der Sprache der Erfahrung geschriebene Buch der Welt, wer weder den Masoretentext zu lesen versteht noch die Septuaginta noch die Vulgata oder die Lutherbibel, was kann der schon groß erfahren aus TV, Smartphone und Tageszeitungen?

Latein ist mir zu antiquiert, **KI** ist mir zu futuristisch, was will ich denn nur eigentlich anderes als grunzen, blöken und stammeln vor begriffsstutziger Ergriffenheit von meiner eigenen Naturunmittelbarkeit?

Didaktik ist nicht die Kunst, langweilige Dinge interessant zu machen, sondern interessante Dinge nicht langweilig werden zu lassen, sagen nun Entertainer. „Langweilig zu sein, ist die ärgste Sünde des Unterrichts", sagt der Pädagoge Herbart. „Das Geheimnis zu langweilen besteht darin, alles zu sagen", sagt der

Aufklärer Voltaire. Beide mußten es wohl wissen. Der heutige Lehrer hat seinen Schülern nicht viel zu sagen und langweilt sie trotzdem zu Tode.

„Der Hauptzweck der Ausbildung besteht nicht im Lernen, sondern im Vergessen" *(G. K. Chesterton)*. Das Kind soll auf der Straße vergessen, was es in der Schule gelernt hat, wenn es nicht in der Schule verlernt, was es auf der Straße und im Fernsehen gelernt hat. Der Lehrer muß gewinnen gegen die furchtbare Weisheit der Gosse und der Medien, d.h. er darf sich nicht gegen seine Schüler verbünden mit dem, was sie auf der Straße und im Fernsehen täglich erleben.

Als ich Schüler war, war die Rede von guten und schlechten Lehrern, die von guten und schlechten Schülern sprachen, um nicht von besseren Schulsystemen sprechen zu müssen. Heute ist nur noch die Rede von guten und schlechten Schulsystemen, um nicht von guten und schlechten Lehrern reden zu müssen. Vor allem ist keine Rede davon, daß ein guter Lehrer einen schlechten Schultyp zu einem guten Schultyp machen kann, aber kein guter Schultyp einen schlechten je zu einem guten Lehrer gemacht hat. Ein schlechter Pädagoge kann einen guten zu einem schlechten Schultyp und Zögling machen, aber ein schlechtes Schulsystem keinen guten zu einem schlechten Lehrer und Schüler machen. Der Schüler traut dem Lehrer nicht, weil der Lehrer nicht dem Schüler traut, denn jeder traut dem anderen alles zu, und gemeinsam schlagen sie beide die Schulzeit tot. Das bessere Schulsystem ersetzt nicht den besseren Lehrer, die besseren Schüler werden Hochschullehrer, welche die schlechten Schüler nun zu schlechten Lehrern machen, die sich für gute Lehrer halten.

Da alles durcheinander ist, müssen wir noch einmal beim ABC und Einmaleins anfangen. Ein Kind unterscheidet sich vom Erwachsenen dadurch, daß es sich für eine Sache nicht unabhängig von dem Erwachsenen interessieren kann, der das Kind für die Sache interessieren will. Heute aber ist der Lehrer ein Mensch, der andere Menschen für Dinge interessieren muß, die ihn selber noch weniger interessieren als die Kinder. Falls überhaupt, dann interessiert sich ein Jugendlicher für eine Sache nämlich nur durch den Erwachsenen hindurch, der sie vor ihm vertritt, für diesen Erwachsenen aber nur durch die Sache hindurch, für die er steht. Der Mathematiklehrer lehrt den Schüler, sich für ihn nur durch die Mathematik hindurch und für die Mathematik nur durch seine Person hindurch zu interessieren. Ein Schüler lernt es, das Interesse seines Lehrers an einem Fach zu teilen und den Lehrer mit anderen Schülern und einem ganzen Fach zu teilen. Wenn noch für zwanzigjährige und ältere Hochschulstudenten damals das Interesse an der 'Kritischen Theorie' nicht zu trennen war vom Interesse am Philosophen Adorno und umgekehrt, gilt das um so mehr für Zehnjährige, die sich für keinen Lehrer interessieren können, der an seiner Pension mehr interessiert ist als an ihnen und seinem Fach. Der Erwachsene, der sein Metier versteht, wird die Sache von der Person ablösen können, die sie ihm zugänglich machte, aber das ist in der Schule ja gerade erst zu erarbeiten und nicht schon vorauszusetzen.

Wir leben in einer so verwirrten Zeit, daß es alles andere als überflüssig ist, die Selbstverständlichkeiten von vorgestern so lange zu wiederholen, bis sie nicht mehr so wie futuristische Paradoxe klingen. Es war einmal eine Zeit, lang ist es her, als ein normaler Deutschlehrer an einem Schüler interessiert war, weil er an dessen Interesse an Literatur interessiert war oder jeder von beiden an den literarischen Produkten des anderen. Ein guter Lehrer interessiert sich für die Gründe, aus denen Schüler sich für sein Sach- und Fachinteresse leider nicht interessieren.

Ein Physiklehrer, der diesen Namen verdient, macht seiner Klasse nicht nur vor, was Natur ist, sondern auch, daß ein Physiker kein Naturschänder ist.

Wenn er seine Kunst vorführt, sagt sich jeder Schüler: „Es müßte schön sein, Naturforscher zu sein!" Ein Mathematiklehrer, dessen Schüler ihn nicht überflügeln wollen oder nicht wenigstens so werden wollen wie er, sollte lieber Computer-Programmierer in der Industrie werden. Ein schlechter Programmierer schadet schlimmstenfalls nur sich selbst, denn seine Programme, die nicht laufen, zeugen für jeden sichtbar gegen ihn. Ein schlechter Lehrer ruiniert leider nicht sich selbst, sondern ganze Generationen von Heranwachsenden. Daß Schüler heute bloß lernen sollen zu lernen, ist meist nur ein Alibi dafür, daß von ihren Lehrern partout nichts zu lernen ist.

Nichts ist hartnäckiger als das Vorurteil, daß die Urteile der Bevölkerung über Lehrer bloße Vorurteile seien. Wenn gescheite Menschen im Leben nicht völlig gescheitert sind, dann trotz ihrer Schullehrer und nicht wegen ihrer Schullehrer, heißt es. Es ist ungleich wichtiger, ungeeignete Bewerber gar nicht erst von Hochschulen auf Kinder loszulassen, als ihnen später zu erlauben, sich hinter vermeintlich grundschlechten Schulsystemen zu verstecken.

Was nützt das differenzierteste „Kursleisten"-Angebot einer Schule, wenn der Lehrer ein zu undifferenzierter Mensch ist, um unterschiedlichen Schülern gerecht zu werden? Nichts gegen ein besseres Schulsystem, das nicht nur ablenken soll von ungeeigneten Lehrern und Hochschullehrern, die sie nicht rechtzeitig in die Industrie schicken. Wenn die Lehrkräfte nur halb so gut wären wie die modernen Schulsysteme, wären die heutigen Schulen schon doppelt so gut.

Nach dem Ideal der „spielorientierten Pädagogik" kommt jetzt das Ideal des kindgerecht 'handlungsorientierten' Unterrichts und mit ihm die pure Gedankenlosigkeit. Erst sollte spielend gelernt werden, ohne daß der Schüler es merkt, und jetzt soll mit linken Händen gelernt werden, ohne daß es dem Schüler wehtut. In beiden Fällen geht es um so etwas wie die Betäubungsspritze beim Zahnarzt. Man vergißt dabei nur, daß Denken schon selbst ein ‚Probehandeln' (Freud), aber Handeln deshalb noch lange kein Probedenken ist. Glatt übersehen wird, daß Menschen, um nicht denken zu müssen, ja ohnehin lieber handeln und daß sie ursprünglich einmal mehr nachgedacht haben, um weniger arbeiten zu müssen. Die Alten wußten noch, warum sie den Menschen ein *animal rationale* und kein Arbeitstier nannten. Cogito ergo homo sum. Der 'praxisorientierte' Schulunterricht betäubte einmal nur das schlechte Gewissen des Lehrers, ein Bürger und kein Arbeiterkind zu sein. Heute ist das ganze hysterische Basteln und Pusseln nur ein

Vorwand, nicht nachdenken zu müssen. Das Rennen und Zappeln lernen die Kinder auf der Straße, aber wenn sie in der Schule kein abstraktes Denken lernen, lernen sie es nirgendwo mehr. Heute wird die Verkopfung der Schule beklagt, denn Denken gilt nicht als schlecht, weil es zu abstrakt, sondern weil es nur Denken ist. Das Problem ist aber gar nicht das Klassenzimmer, das die Schüler von der grünen Natur aussperrt, sondern der Lehrer, mit dessen Naturell sie eingesperrt sind.

Früher sollten Kinder, die nicht sitzenbleiben wollten, nur fein stillsitzen und nirgendwo mitmachen dürfen. Heute sollen sie überall mitmachen, damit sie gar nicht erst merken, wobei sie mitmachen. Ein Lehrer, der Kinder für eine Sache begeistert, indem er sie für seine Person begeistert, ist gerade kein Mensch, der ihnen nach dem Munde redet und ihrer Faulheit schmeichelt. Gefragt ist hier nicht die sichere Diagnose vor aller sinnvollen Therapie, sondern umgekehrt die Therapie vor der Diagnose. Wer nicht weiß, was ein idealer Lehrer und Schüler ist, weiß nicht, warum ein Lehrer mittelmäßig ist. Das neue Schulsystem will den schlechten Schüler vor dem schlechten Lehrer bewahren und bewahrt doch nur den besseren Schüler vor einem besseren Lehrer, indem es beide heillos miteinander „dezentral vernetzt".

Auf Schulen lernt der Mensch, was die Menschheit schon weiß, damit die ganze Menschheit eines Tages lernen muß, was dieser Mensch als erster von allen weiß. Das Einzige, worauf ein Arzt mit seinen Medikamenten bauen kann, ist der Wunsch des Kranken, gesund zu werden. Das Einzige, worauf ein Lehrer mit seinen Schätzen wirklich bauen kann, ist der Wunsch eines Kindes, kein Kind zu bleiben. Die Abneigung eines Kindes dagegen, ein Kind zu sein, ist das stärkste aller pädagogischen Motive überhaupt, und dieses Motiv wird durch alle heute als fortschrittlich geltenden Didaktiken zerstört, welche in ihrer zähen Angst, Folterwerkzeuge zu sein, selber die ärgsten Marterinstrumente sind. Was gegen den 'praxisorientierten Unterricht' spricht, ist das gleiche, was gegen die Spielpädagogik sprach. Der Wunsch des Menschenkindes, ein Mensch zu werden, d.h. denken zu können, um nicht wühlen und fuchteln und schreien zu müssen, wird systematisch unterdrückt. Die nötige Rücksicht auf die beschränkte Fassungsgabe eines Heranwachsenden führt heute nur dazu, daß das Kind nicht erwachsener, sondern der Erwachsene immer kindischer wird. Ein Lehrer, der beliebt ist, weil er sich diesen Kindern anpaßt und nicht ihrer Sehnsucht, keine Kinder zu sein, wird von ihnen zu Recht als bloßer Kindskopf verachtet. Am Ende ist der 'handlungsorientierte Unterricht' nur ein Zugeständnis an neurotische Zappligkeit von TV-Zombies, doch anti-autoritär sind keine Pädagogen, die den Schüler zu ihrer höchsten Autorität erheben und sich von seiner rebellischen Faulheit und Dummdreistigkeit nachhaltig imponieren lassen.

Lernen heißt, von vielen konkreten Einzelfällen einen Gedanken abstrahieren zu können. Will man heutigen Pädagogen glauben, ist das Wichtige dabei nicht der Gedanke, sondern der Rückgang auf die konkreten Einzelfälle, aus denen er gewonnen wurde.

Kinder wollen sich einen Begriff von der Welt machen, aber Lehrer werden immer wieder handgreiflich. Die meisten Pädagogen machen den Schülern das Leben schwer, weil sie ihnen das Denken ersparen, welches das Leben erleichtert. Sie wollen nichts davon wissen, daß der Faule mit dem Kopf denkt und der Dumme mit den Händen handelt. Wer Angst vor lustbetonter Kopfarbeit zur pädagogischen Geschäftsgrundlage macht, ist den Ewiggestrigen näher, als ihm lieb sein mag. Die Gefahr, daß Schulen nur blutleere *Kopfwichser* produzieren, verschwindet fast vor der Gefahr, daß niemandem in der Schule genug Musikhören und Fernsehen vergeht, um das begriffliche Denken zu lernen, das Adelsdiplom des Menschen.

Kurz: Ein schlechter Lehrer läßt die Schüler ungestraft so sein, wie er selbst als Schüler gern gewesen wäre. Er sagt, daß er von seiner Autorität keinen Gebrauch macht, aber in Wahrheit ist er 'antiautoritär', weil er keine Autorität besitzt, auf die er verzichten könnte. Die Prügellehrer von Anno dunnemal waren nicht verhaßt, weil sie autoritär waren, sondern weil sie keine Autorität hatten. Das Gerede von der „Authoritarian Personality" hat die Gemüter eher verwirrt als aufgeklärt. Das ganze Geheimnis des „autoritätsgebundenen Charakters" besteht ja einfach darin, daß es ihn in Deutschland nie gab. Er setzt die Widerstandskraft eines patriarchalischen Über-Ich voraus, das hierzulande noch nie eine Chance hatte. Wer heute eine vermeintliche „Rigidität des Überich" bekämpft, hat entweder nichts begriffen oder, was wahrscheinlicher ist, andere immer nur manipulieren wollen und wäre endlich dem billigen Gelächter auszuliefern oder dem teuren Psychotherapeuten zuzuleiten.

Die Subjektivität eines jeden Mathematiklehrers findet ihre Grenze an der nachprüfbaren Richtigkeit seiner Rechenexempel, aber wenn ein Deutschlehrer verrückt spielt, wird sein Wahnsinn durch gar keine Rücksicht auf die Texttreue seiner Literaturinterpretationen in Zaum gehalten. Sobald er sich mit seinen Schülern im Klassenzimmer eingeschlossen hat, kann er seine Macken ungestraft an ihnen austoben. Es müssen gar keine Ausnahmen ungebührlich verallgemeinert werden, wenn an Lehrer erinnert wird, die im Unterricht Romane besprechen, die sie nie gelesen haben. Von Kollegen lassen sie sich bewundern für die Chuzpe, über die für heutige Germanisten typische Unbelesenheit hinwegzutäuschen.

Die linke Studentenbewegung von 1968 macht längst die Kulturpolitik von heute, und diese „Pop-Kultur" sieht denn auch danach aus. Angeblich waren das junge Intellektuelle gewesen, die ihre Blochs, Sartres und Marcuses gelesen hatten und das Gelesene auf die Straße trugen. Ehe ich mit auf die Straße ging, wollte ich diskutieren mit diesen aufgeregten Repräsentanten meiner Generation, aber so sehr ich damals auch gesucht habe, ich bin nie einem „Aktivisten" begegnet, der informiert gewesen wäre. Ja, über Organisationsfragen und Strategiepapiere konnten sie alle stundenlang reden, aber Marx und Adorno hatte niemand so richtig im Original studiert. Studenten, die nicht studieren, sind deshalb aber noch keine Arbeiter. Ein paar Schlagworte aus dritter Hand, ein bißchen name-dropping, das den Zugang zur „Szene" öffnete, und dann ging es auch schon zu den Fragen der revolutionären Straßentaktik. Theorie war nur Überbau-Reflex der „gesellschaftlichen Praxis", und auf die allein kam es nun an. Handeln wollten sie und selber zu Wort kommen; „Infos" wurden vervielfältigt, um sich überhaupt nicht informieren zu müssen. Es war die Geburtsstunde des „Infotainments" avant la lettre. Die Studenten agitierten das Volk, statt von ihm zu lernen, wie ihr Mao es geraten hatte, und grölten Gemeinschaftsparolen, um nicht mit Büchern allein zu sein. Sie lasen weder die Werke ihrer „Profs" noch überhaupt etwas, sondern demonstrierten ihre Unbelesenheit und für allgemeine Unbelesenheit, um dem umworbenen Proletariat wenigstens auf diesem Felde näherzukommen. Aktiv werden zu dürfen heißt, nicht lesen zu müssen, und so ungebildet konnte niemand sein, daß es für die Aufklärung der Massen nicht allemal noch reichte. Der Arbeiter liest nicht, also solidarisierte man sich mit ihm am leichtesten, indem man selber so doof blieb, wie man sich ihn vorstellte. Gebildet war nur der Klassenfeind, und Vorbild waren fernöstliche Kulturrevolutionäre, die alles anzündeten, was nur entfernt nach Kultur aussah. Bücherverbrennungen waren überflüssig geworden. Statt sie auf Scheiterhaufen anzuzünden, genügte es, diese Bücher in den Bibliotheken verstauben zu lassen.

Die Bücherverstaubungen von 1968 waren sehr viel wirkungsvoller : Die Werke von Marx und Adorno, von Kant und Hegel ganz zu schweigen, übergebe ich nicht den Flammen, sondern den Holzwürmern! Die linken Theorie-Heiligen wurden links liegen gelassen, und ein Schriftstück, das keine Anleitung zum Bau eines Molotow-Cocktails enthielt, war sein Druckpapier nicht wert. Mit anderen Worten : Die „68er" schienen in der Mehrzahl intelligente Dummköpfe, die nur eine Rechtfertigung für das suchten, was sie immer lieber getan hatten, nämlich die Gesellschaft umzuwälzen, statt Bücher zu wälzen. Um gegen ihre bösen Eltern zu kontestieren, verbündeten sie sich mit rotlackierten Massenmördern und merkten weniger als jeder Arbeiter, daß sie einen sozialistischen Teufel mit einem sozialistischen Beelzebub austreiben wollten. Die „Kinder von Karl Marx und Coca Cola" waren oft nicht viel besser als alles, was sie attackierten, und fielen hinter ihre verhaßten Eltern zuweilen sogar soweit zurück, wie sie die hinter sich lassen wollten.

+ + +

Kurt erzählt : Steht zu eurem (W)Ort!
Vaterstadt in Muttersprache

Der Norddeutsche, sagt man, ist ein stocknüchterner und maulfauler „Jan Dröge". Er macht nicht viele Worte, und wenn er mal anderes schreibt als Bewerbungen, dann keine langen Romane über die christliche Seefahrt. Seine wortkargen Sprüche über Gott und die Welt haben viele Worte verloren, die unausgesprochen bleiben, und Sprüchemacher haben Zeit genug, vieles wegzulassen. Husum hatte Theodor Storm, Bremerhaven hat keinen Sänger. Es hat viermal weniger Einwohner als Bremen, aber ebensoviel mehr Schönheiten. Die Stadt ist häßlich, d.h. sie verbirgt ihre Reize vor dem flüchtigen Besucher. Der kilometerlange Weserdeich ist aber der wohl schönste Spazierweg Norddeutschlands. Auf der Höhe Bremens ist die Weser ein Flüßchen, auf der Höhe Bremerhavens ein Tor zur Welt und zum Weltmeer.

Durch zerklüftete Wolkenmassen hindurch öffnet sich ein gewaltiger Himmel über dem Fluß, der sich ins Meer öffnet. Die Luft ist blankgefegt von harten

Winden, die am Gesicht des Flaneurs zerren oder ihm in den Rücken fallen. Diese Luft steht selten still und drängt die Bewohner ständig zur Bewegung. Sie stößt uns immer stürmisch weiter oder zur Seite, sie reißt an uns, steht uns ins Gesicht, daß die Backen glühen, und treibt uns jäh vorwärts oder hemmt unsere Schritte. Selbst an den eigenen oder gemieteten vier Wänden rütteln die Sturmböen Tag und Nacht, um uns Angst und Beine zu machen. Dieser Sturmwind peitscht die Flut gegen die Bürgerdeiche, aber weht er in meinen Worten?

Eben war der Himmel noch blau, schon ist er grau. Das schwere Grau und das sonnige Blau des Himmels wechseln hier schneller miteinander ab als im Landesinneren. Bremerhaven ist eine einzige lange Straße parallel zum Fluß, aber auf welcher Höhe der Flaneur sich dort auch befindet, der Straßenverkehrsfluß kann nicht die Wasserstraße und die Schiffe können umgekehrt nicht die Autos sehen und hören. Zwischen Wasserwegen und Fußwegen suchte meine lange Jugend nervös ihren Weg.

Es gibt eine Stadt B., die der Fremdenführer inventarisiert, und es gibt meine Heimatstadt B., die ein Grundgefühl ist und eine Tiefenströmung meines Gemüts. Die erstere kenne ich schlechter als ein

Besucher von außen, die zweite kennt meine Brust besser als mein Kopf. Mein eigenes Bremerhaven strahlt aus von dem Arbeiterviertel Alt-Lehe, dessen naßgraue Mietskasernen der ewige Alptraum seiner Zwangsinsassen und die kontrastreiche Gruselfolklore der Eigenheim-Bürger sind.

Die stationierten US-amerikanischen Besatzungssoldaten sind aus dem ehemaligen „Marinestützpunkt" längst abgezogen. 1950 war der Dollar fast fünfmal so viel wert wie die D-Mark, aber nach der deutschen Wiedervereinigung konnte der „GI" nicht viel mehr dafür kaufen als der Bundesbürger.

Mein eigenes Bremerhaven ist eine Sinfonie von Namen : Von Speckenbüttel bis Geestemünde, Fischereihafen und Weserdeich, Rotersand-Leuchtturm und Weddewarden, Leherheide und Luneplate, Bürgerpark und Seefahrtsamt, Columbusbahnhof und Schleusentore − Hallräume zurück in eine brunnentiefe Vergangenheit ...

Anfang der Sechziger Jahre gab es zum ersten Mal ein Bad, eine Waschmaschine und einen Kühlschrank für die Arbeiterfamilie. Der Fußboden war nicht mehr schief und die Toilette nicht mehr auf dem kalten Balkon, die Kriegszeit war zu Ende.

Die „Marktschule" war meine „Volksschule", die „Schillerschule" war meine „Oberschule", und die Hochschulen haben mich als Gasthörer gesehen.

Die Seestadt Bremerhaven ist nicht berühmt für Dichter und Denker, sondern für Schiffe und Fische, aber auch diese sind rückläufig, ohne daß jene dafür an Bedeutung gewinnen. Die kleine Großstadt Bremerhaven ist nicht mehr der Hafen der „Freien Hansestadt Bremen", sondern Bremen wird eines Tages das Hinterland seines einstigen Hafens werden. Warum hat die „tätige Stadt im Nordseewind" trotz sozialdemokratischer Regierung die höchste westdeutsche Arbeitslosenquote und Armutsquote?

In der ehemaligen DDR sieht es noch heute oft so aus wie in Alt-Lehe um 1955. Meine Spaziergänge kreuz und quer durchs Stadtgebiet waren Eilmärsche, als wäre der Leibhaftige hinter mir her, und der Druck, etwas zu werden, was er nicht werden wollte, lastete leibhaftig auf dem Oberschüler. Er schlenderte nicht, er hetzte an den Auslagen der Geschäfte vorbei, und es stieß ihn eher von hinten, als daß es ihn von vorn gezogen hätte. Er hatte nur das eine Ziel, vor allen Zielen davonzulaufen, die ihm gezeigt worden waren, aber er wußte nicht, wo eigentlich der Zielpunkt lag, auf den er mit allen Waffen hinzielte. Er schoß auf die Zielscheibe los, indem er sie abschoß. Die Lebensziele waren Zielscheiben erst der Angst und dann des Spottes. Um sich zu beweisen, daß er jederzeit davonlaufen konnte, mußte der Flüchtige ständig in Bewegung bleiben.

Der Weserdeich zog sich von der Weserfähre bis zum Columbusbahnhof, auf halbem Weg lagen die ‚Tiergrotten', der Leuchtturm und die ‚Strandhalle', deren Kaffees mir zu teuer waren. Überall am Wege luden grünlackierte und unbequem geschwungene Holzbänke ein zum langen Blick auf das sonnenglitzernde und wolkenspiegelnde Flußwasser.

Die quasimilitärischen Eilmärsche gingen vom Haupt- zum Leher Bahnhof, vom Speckenbütteler zum Geestemünder Bürgerpark, vom Theaterplatz zum Leher Altmarkt. Ich lehnte ab, mir die Straßennamen zu merken; es sollte unbekanntes Niemandsland bleiben und immer neues Abenteuer. Ich wollte Fremder in vertrautester Umgebung bleiben und zuhause in ungewohntester Landschaft. Der Küstenwind verscheucht ja alle dicke Luft und verändert rasch die Wolkenbilder : Je platter das Land unter uns, desto höher der Himmel über uns.

Zugwind herrschte allüberall an jeder Straßenecke, Zugwind und Knallsonne zugleich. Die Sonderlinge zogen den Sonderling an, und von seinem wenigen gab er Bettlern ab aus Verbundenheit und aus Angst, selber Bettler zu werden. Dickbrüstige Wirtinnen, die sich von diesen Schülern heiß bewundert wußten, servierten lächelnd kleine Biere zu 40 Pfennigen in den zahllosen Eckkneipen. Seine Stadtkarte bestand aus Leseorten : Auf dieser Bank las der Schüler den „Ulysses" von Joyce, in diesem Park saß er mit A-dornos Husserl-Buch, auf diesem Weg erklärte er seinem Freund die Sexualtheorien eines Freud, in diesem Deichgras las er Paul Lorenzens „Formale Logik". Die „Deutsch-Amerikanische Bücherei", das war Clarkes Einstein-Biographie, Magdalena Aebis logistischer Kant-Verriß, Chamberlains Buch über die deutsche Kultur, Hans Reichenbachs „Rise of Scientific Philosophy", aber auch die alte Science Fiction von Hans Dominik.

Ein Gratis-Refugium war die „Pädagogische Arbeitsstelle" im Stadthaus. Der gebohnerte Holzboden knarrte bei jedem Schritt, die Räume waren stickig still und sonnenheiß. Das „Lebensbuch" des gehbehinderten Bibliothekars war Schopenhauers „Aphorismen zur Lebensweisheit". Der Leiter der „Volkshochschule" mit seinem dunklen Sardellen-scheitel auf dem großen Rundkopf war mit seinem fernöstlichen Tic ein Gegenstand des Spottes. Solche Veranstaltungen waren mir immer zu seicht, meine Devise lautete : Kluge lesen Bücher allein, dumme Faulpelze hören gemeinsam die Vorträge.

Die schwarzen Brandmauern vor dem Ruinenschutt ... oh die krumme schmale Armengasse gegenüber dem Eichamt ... die Brotkuchen in der Stresemannstraße ... Opas Migräne-Pulver aus der Alten Apotheke an der Kirche ... der Hinterhof des Kohlenhändlers in der Langestraße, in der Dionysiusstraße der unheimliche Gedenkstein des geköpften St. Dionys ... der Mittelpunkt des Universums am zugigen Flötenkiel ... die Akten unserer Lehrer im Keller des Stadtarchivs ... das Leher Militärkrankenhaus, in dem mein Vater im Kriege starb ... oh die sonnigen Grübelnachmittage auf den Parkbänken des Martin-Donandt-Platzes, das Warten vor Schleusenbrücken ... Mystisch wird es auf der Kreuzung von Dionysius- und Neuestraße mit diesem alten evangelisch-reformierten Gemeindehaus und einem Fischladen und einem Getränkegroßhandel ... Auch die Kreuzung von Lessingstraße und Potsdamerstraße ist mystisch aufgeladen wie die ins Helle laufende Batteriestraße ... und der mythische Garten meiner Kindheit hinter der Bütteler Straße ist längst von Hochhäusern begraben ... :

„Bremerhaven – Port of embarkation".

In meinen Eingeweiden ist Bremerhaven ein steifer Seewind, der Tag und Nacht durch die Straßen und Ritzen fährt und allen Muff und Dunst mit sich nimmt. Der stille Friedhof war mein Flanierpark. Dort war ich der einzige Lebende unter so vielen Toten, die sich gegen meine Schritte nicht wehren konnten, und auf der lauten Hauptstraße war ich der einzige Scheintote unter so vielen Geschäftigen, die über mich hinweggingen, wenn sie nicht an mir vorbeigingen.

Das Kind sah von Anfang an nicht nur Plattdeutsche, die ganz geschlagen waren, sondern auch *US-Neger*, die ihm Schokoladenriegel und Comic-Hefte schenkten. Der Jugendliche saß stunden- und jahrelang auf den grünen Bänken am Weser-Deich und sinnierte in die grauen Wolken über den grauen Wellen oder in den blauen Himmel über dem blauen Wasser. Das Bremerhaven in mir, das ich überall mit hinnehmen werde bis zu meinem Tode, ist ein herber Geruch von dunkelgrünem Seetang und anschwemmendem Unrat. Es ist ewiges Wellengurgeln, und irgendwo werde ich ein flatternd offener Popelinemantel im Sturmwind bleiben. Irgendeiner in mir sitzt noch immer im Deichgras, den Blick vom Buch zum Meer und zurück zum Buch. „Der Ekel", „Das Sein und das Nichts", die „Geschlossene Gesellschaft" von Sartre waren meine Gesellschaft, und Genets „Notre-Dame-Des-Fleurs", Sigmund Freuds „Vorlesungen", Rilkes „Duineser Elegien", Adornos „Minima moralia", Blochs „Ontologie des Noch-nicht-seins", Heideggers „Sein und Zeit" und Hegels „Vorlesungen zur Philosophie der Geschichte" ...

Bremerhaven ist kein Dorado für Schriftsteller, aber doch für „Satzsteller". Jeder meiner Gedanken ist ein gordischer Seemannsknoten aus lauter Worten. „Ein Blick, der mich an jenes Meer entrückte, / Das flutend strömt gesteigerte Gestalten", sagt Goethe.

Die Stadt ist um eine einzige Straße herum gebaut, die fast parallel zum Fluß verläuft und in verschiedenen Abschnitten nur verschiedene Namen trägt, Langener Landstraße, Langestraße, Hafenstraße, Bürgermeister-Smidt-Straße ... Die Stadt ist ein Fluß von Passanten, und der Fluß ist eine Straße ins Meer. Ich war kein Welten-, sondern ein Warenhausbummler, kein Seefahrer nach Indien, sondern ein Rolltreppenfahrer bei Karstadt. Ich lebe schon lange nicht mehr in Bremerhaven, aber Bremerhaven lebt noch in mir, ja, lebt umso stärker in mir, je länger ich nicht mehr dort wohne. Es ist ja eine philosophische Stadt für „hintersichtige Spökenkieker" zwischen Land und Fluß, zwischen Möwen und Meer, im platten Land ganz ohne Berge, die die

Sicht verstellen. Kants Königsberg lag an der Ostsee, die der arme Sattlersohn nie gesehen hat, und für den Oldenburger Jaspers war die Nordsee sein Symbol der „Transzendenz schlechthin".

Ein Philosoph spinnt, und hier spinnt er sein Seemannsgarn, bis es Fischernetze sind, in denen manches hängenbleibt. Wer hier zu Grunde geht, der geht zum Meeresgrunde. Hier kommt man ins Schwimmen, hier geht man baden, wie es sich für einen richtigen Philosophen gehört. Jeder Spruch, kurz angebunden wie die Leute hier, ist ein Satz ins Freie und so scharf, wie der Seewind weht. Was kurz und bündig ist, das haut mal kurz und klein, was in den Himmel wachsen will, wie ein betrunkener Matrose. Jeder meiner Essays ist Flut und Deich zugleich, eine ganz kleine Sprachstadt am Sprachmeer. Jeder Aphorismus ist eine schaumgekrönte Welle für sich und schneidend kurz wie ein Schiffskommando, eine Welt im Wassertropfen; der Sprüchemacher ist ein Netzknüpfer und Wortfischer. Abends sieht er nach, was sich im Sprachnetz verfangen hat, Seesterne und Meeresmuscheln. Der Schriftsteller ist hier ein Kapitän und Matrose, Steuermann und Heizer in einer Person auf dem Redefluß im Rhythmus der Gezeiten; das Meer trägt und verschlingt das Lebensschifflein, das seinen sicheren Port nicht findet.

Der Linke ist hier an Steuerbord und der Rechte an Backbord. Wenigstens der Hering denkt hier noch an Bismarck. Auch dichten und denken läßt sich zwischen Luv und Lee, Matjes und Rotbarsch, Labskaus und Kabeljau, Sturm und Flaute. See(len)fahrt tut not! Meine Aphorismen sind Eiskristalle ganz nur aus Worten, es sind Kieselsteine aus Sprache im Wind- und Wellenschliff. Sie wärmen nicht das Herz und sind schneidend kalt wie der Nordost hier.

Der Bürger sitzt im Cafe in der „Bürger", der Hafenarbeiter hockt in der Kneipe „Zum Schleusenwirt". Volle Fahrt voraus und „Petri Heil", „Hein Muck aus Bremerhaven" wird Dichter und Denker. Hier braucht die Mehrwertsteuer den Meerwertsteuermann. Mein Buch ist ein Logbuch und enthält unsichtbare Seekarten zum Navigieren in blauen Fernen. Die mineralische Härte des Wassers, das Unergründliche des Meeres sind darin, der Wind, der durch alles hindurchgeht, der harte Möwenschrei, die naßgrauen Mietskasernen und das Unkraut auf Kriegsruinen, lange Spaziergänge von einem Ende der Stadt zum anderen und zurück, immer den Flußlauf entlanggelaufen, mit der Flut oder gegen die Flut, stickwarmer Nieselregen und fröstelnde Sturzbäche, die engen Stuben und Straßen, die enge Brust und der weite Himmel, das Labyrinth der Straßen und Sätze, die rumpelnden Pferdewagen auf dem Kopfsteinpflaster der Kindheit. Hier wird jeder dritte Windstoß zum philosophischen „Denkanstoß" : Meine mausgraue Stadt kommt urplötzlich auf glänzende Gedanken, und Geistesblitze fahren aus schwülen Sommerhimmeln.

Eine arme Familie in einer armen Stadt zwingt zum reichen Geistesleben, und das Innenleben der Bremerhavener besteht nicht nur aus Innereien von Fischen. Es ist eine Stadt der Arbeitslosen, die endlich Philosophen werden könnten. Poseidon reckt seinen dialektischen Dreizack in den Himmel. Das Leben hier ist ein langer Marsch durch graugrüne Marschen.

Über die Hälfte des Wesermünder Wohnraums war 1944 vernichtet in wenigen Nächten ...

1827 erwarb die langsam versandende Hansestadt Bremen vom Königreich Hannover 78 Hektar Weideland für einen Hafen dort, wo die Geeste in die Weser mündet. 1939 wurde der Bremer Hafen in die preußische Stadt Wesermünde und diese 1947 als Bremerhaven ins Land Bremen eingegliedert.

Goethe interessierte sich 1829 sehr für dieses Projekt des ersten Bürgermeisters Johann Smidt und ist damit der literarische Taufpate meiner sonst so unpoetischen Heimatstadt.

Hier redet man nicht viel, den Rest muß sich jeder hinzudenken wie beim knappen Aphorismus, der nur Literatur macht aus dem, wie hier jeder beschweigt. Er sagt alles durch die Art, wie er fast gar nichts sagt. Der Norddeutsche ist versponnen und verwinkelt wie seine Städte, ein Labyrinth von Holzwegen und Sackgassen ins Meer. In meinen ungelogen unlogischen Logbüchern wird Bremerhaven nicht erwähnt, es spielt nur mit und beiher. Wer eine Muschel ans Ohr hält, der weiß nicht, ob er das Meer oder sein Blut rauschen hört oder beides zugleich. Der Lorbeerkranz des Küstenphilosophen ist eine Schaumkrone auf einer Welle, flaches Land paßt zu tiefen Gedanken. Bremen ist die Stadt, die den Fluß „verbrämt", la mer e(s)t ma mère.

„Alles kommt aus dem Wasser", sagte der erste abendländische Philosoph Thales aus dem kleinasiatischen Milet, als er das Mittelmeer sah, „und geht und fällt ins Wasser", füge ich hinzu. Alles kommt aus dem Grenzenlosen, und geht dorthin zurück, sagte Anaximander. Es denkt sich gut, es spinnt sich gut mit freiem Blick ins Grenzenlose von Himmel und Meer. Auch eine Seestadt kann eine seelische Stadt sein. Hier ist der aufrechte Gang der Dinge ein schwerer Seegang, und die Vieldeutigkeit der Worte ist eine „Meerdeutigkeit". Hier liegt der Dichter, wasserdicht und wassersüchtig zugleich,

in den Meeresarmen und am Meerbusen der Mutter
Natur, und wer in den Meeresspiegel schaut, der
bekommt auch ein Selbstbewußtsein. Wer da mit
Meeresjungfrauen ins Flußbett geht, der singt meer-
stimmige Lieder und muß kein Fischblut haben.
Kurz : Die „Waterkant" muß kein Water-Loo sein.
„Alles fließt", sagte Heraklit vor 2500 Jahren – und
das besonders am Fluß. Ich spreche mehr von dieser Stadt als sie von mir, bin weder Stadtgespräch
noch stadtbekannter Stadtschreiber oder Stadtstrei-
cher. Meine Fragmente sind Schiffbruchstücke, die
ich ins Logbuch eintrage. Hier bietet die Welt ein
Hafenstadtbild, und warum soll man es verlassen,
um sich die Welt außerhalb der Welt anzusehen?

Nach der Muttermilch der Kindheit kamen die
Fischbratküchen meiner Jugend, und wo es um
eine geistige Nahrung ging, fand meine „multikul-
turelle" Erziehung in der „Deutschamerikanischen
Bücherei" der „Umerzieher" statt. Wie macht man
eigene Bücher aus solchen naßkalten Sommertagen,
schmuddeldusteren Toreingängen und sturmzugigen
Straßenecken, aus Chinarestaurants und aus Hafen-
spelunken ohne Seefahrerromantik? Meine Geburts-
stadt ist meine Seßhaftanstalt, ich habe lebensläng-
lich. Der chinesische Philosoph Chuang-Tsi meinte,
die Seeligkeit bestehe darin, bis zum Tode in dem

eigenen Geburtsdorf zu bleiben. Sokrates sagte: „Ein Fluß, ein Berg, ein Tal, ... und du hast alles gesehen." Meine Seefahrten waren Seelenfahrten, und der geheimnisvolle Weg geht nach innen, sagte Novalis. Meine Schriftzüge sind Fischzüge.

Gar nicht thematisch, aber atmosphärisch ist diese Stadt in meinen Werken anwesend. Keiner ihrer Schauplätze taucht in meinen Schriften auf, die aber alle in ihr Fluidum getaucht sind. Sie hat ebenso viele Fühlenswürdigkeiten wie Sehensunwürdigkeiten. Die „Rickmersstraße" galt immer als Bremerhavens „St. Pauli" und strahlte einen schwarzen Glanz aus. In „Negerkneipen" hörte der Schüler den ersten Jazz und sah in Nachtbars die ersten nackten Frauen seines Lebens gleißend tanzen.

Ein Großstadtkind wächst in einer Steinwüste auf und fühlt sich unwohl unter Schafen und Ochsen. Meine Feldwege waren ja Straßenschluchten, und der nahe Fluß macht den literarischen Stil flüssig? Mein Großvater war als Matrose bis nach China gekommen, aber ich lernte nur die Namen der chinesischen Städte auswendig. Meine Weltreisen machte mein Finger auf der Landkarte von einem exotischen Namen zum anderen, und dabei ist es geblieben. Mein Fernweh ging nur zu geistigen Kontinenten, es wurde immer von Heimweh weit übertroffen. Von allen Schiffen, die Bremerhaven je anliefen, faszinierte mich am meisten nicht das weltgrößte Passagierschiff „United States", sondern das amerikanische Atom-U-Boot „Nautilus". Moby Dick war kein Weißer Wal, sondern eine autarke, kompakte und unverwundbare Weltkriegsmaschine aus den Tiefen der Ozeane. Von Seereisen habe ich nie geträumt, mich interessieren weder die Seebären noch die Landratten, sondern die vielfach gebrochene und gewundene Küstenlinie, von der die Chaosforscher sagen, sie habe eine „fraktale Unendlichkeit". Wird sie erkundet von der endlosen Zahl meiner „nachsokratischen Fragmente"?

In meinem Unbewußten war aus den Tiefen der Jahrzehnte das Weichbild der Stadt mit dem Bild meiner lieben Mutter lange verbunden. Meine tote Mutter geistert noch herum in der Stadt, die in mir weiterspukt, seit ich sie verließ. Mein Werk soll ihr zurückerstatten, was ich ihr schulde, doch mein Geburtshaus muß keine Gedenktafel zieren.

Gleich nach dem Krieg versuchte mein frischgebackener Stiefvater, mich mit meiner Vaterstadt vertraut zu machen, aber weil er der Konkurrent um die Gunst meiner Mutter war, lehnte ich seine reale Stadt ab. Er war der Herr der Fußballplätze und Kohlekraftwerke, der Schiffsdocks und hämmernden Werften, der Hafenanlagen und Fischauktionen, der Dampfer und Segelschiffe. Das war die Welt meines neuen Vaters, die ich zusammen mit ihm zum Teufel wünschte und doch in verwandelter Form in mich und mein Schreiben aufnahm. Mein Bremerhaven war ein ganz anderes als das dieses Zugereisten, dessen Ehefrau ganz anders war als meine Mutter. Er und Leute wie er hatten das alles nach dem Kriege mit eigenen Händen wiederaufgebaut.

Wollte ich mich mit ihm messen, um meine Mutter von diesem ungebetenen Eindringling glücklich zurückzuerobern, mußte ich auf ein Kampffeld ausweichen, das seine Handfestigkeit meiden mußte.

Mein Vater siegte im Fußballsport, also mußte ich im Denksport triumphieren. Er stand mit beiden Beinen im sogenannten Leben, also ich mit einem daneben. Ich denke, also spinn ich – mein Seemannsgarn zu unsichtbaren Datennetzen. Da dieser jugendliche Nesthocker den Absprung von zu Hause lange nicht schaffte, durchquerte er in ziellosen Eilmärschen das Stadtgebiet von früh bis spät, um sich zu beweisen, daß nichts und niemand ihn fesseln konnte. Wer nicht auf eigenen Beinen steht, muß auf eigenen Füßen laufen. Er war geistig frei, also in unsichtbaren Ketten geboren. Sartres zerbrechliche

Philosophie der absoluten Freiheit wurde zur zähen Ideologie eines jahrelangen *Cocooning*.

Jeder Hafen hat zwei Gesicher, Ankunft und Abfahrt. Aber kein übliches Fernweh begleitete die Schiffe, die ich ausfahren sah. Ich saß still auf meinen fünf Buchstaben auf einer Deichbank und spielte mit allen 26 Buchstaben der Sprache. Meine Gedanken waren keine Passagierschiffe nach Shanghai, sondern Raumschiffe ins All, und sie landeten auf Inseln, die auf keinem Globus verzeichnet sind. Meine Sätze ins Freie sind nicht er-fahren, sondern buchstäblich erwandert. Lebenslauf : Er lief um sein Leben, obwohl und weil niemand hinter ihm her war, weder ein Polizist noch ein Mädchen.

Heideggers „Seinslichtung" war da keine Schwarzwaldlichtung mehr, sondern ein offener Himmel über einem reichlich unergründlichen Meer. Ich marschierte, aber nicht in Reih und Glied, sondern so vor mich hin, und das N-ich-ts zu suchen, das war mir im Sinn. Ich rannte weit weg vor meinem Wunsch, ewig daheimzubleiben, und das Verlassen des Vater-Hauses wurde meine einzige Behausung. Sartres „Nausée" ist der Roman einer Stadt, die von einem einsamen Mann durchwandert wird, ohne ihm dadurch vertraut zu werden.

Der Antoine Roquentin im Bouville von 1938, das war ich selber 1958 in Bremerhaven, aber noch ohne jede Annie. Ich marschierte so stramm, daß ich mich oft selbst überholte. Laufen, um mit Heidegger zu sprechen, wurde ein „Vorlaufen zum Tode" und ein „Sich-vorweg-sein" meines „da-Seins".

Nicht nur „die letzte Neige des Lebens wird der Beschaulichkeit geweiht" *(Bloch)*, sondern Kontemplation muß in der Jugend eingeübt werden und sei keine bloße Überkompensation von Verkalkung. Nach Zigarettenlängen maßen sich die Stationen der unmeisterlichen Wanderjahre dieses gehobenen Weltstreichers, der seiner Stadt so verbunden war, daß er sie sogar zu seinem einzigen Urlaubsort machte, in dem er immer neue Weltgegenden entdeckte. Jahrzehntelang war dies Bremerhaven mein Florida, Utopia und Venedig zugleich.

Alles war nur dazu da, daß die kristalline impassibilité von Baudelaires Flaneur, der von Paris nach Bremerhaven ausgewandert war, daran vorüberging. Ungehindert passierte er alles, was in der Stadt passierte. Er sah sie nicht mit den Augen der Schiffer und Fischer, der Facharbeiter und Sachbearbeiter, der Bäckermeister und der Bürgermeister. Er fror im Wind und lief schwitzend dagegen an; eine Seefahrt, die ist lästig, das Wandern ist des

Denkers Lust. Er nahm sein grünes Fahrrad und erfuhr auf „Sehfahrten" ganz eigene Philosophien.

Ich beschreibe die Geburt eines „Satzstellers" aus dem Geiste einer Seestadt. Schriftsteller wird, wer nichts werden will und nichts zu sagen hat. Das große Hamburg *hat* einen Hafen, aber das kleine Bremerhaven *ist* ein Hafen. Etymologisch ist ein „Hafen" voller Haben und Heben. Ich fuhr weder Fracht- noch Segelschiffe, weder Fisch- noch Vergnügungsdampfer, auch keine Zerstörer und keine Schlepper und Kutter, „Seelenverkäufer" und „Fliegende Holländer"; ich fuhr Rad und damit gut und nicht aus meiner Haut und anderen in die Windjammerparade. „Na, Seemann, wie geht's?" pflegte mein Vater den Sohn zu begrüßen, der alles andere als ein „Fahrensmann" war.

Ich bin kein Klassenverräter, wenn ich schreibe. In mir hat sich meine Herkunftsklasse, ob sie sich darin wiedererkennt oder nicht, nur etwas verfeinert. Auch das Proletariat hat seine Künstler und Intellektuellen, mit denen es nicht viel anfangen kann. Bremerhaven hat mich weder zum Hafenarbeiter noch zum Hafendirektor gemacht, sondern nur zum ‚hintersichtigen' Fundamentalisten meiner selbst. Und ich ging auf Gottesäckern spazieren, um nicht auf Arbeitssuche zu gehen.

Erst bist du in deiner Mutter, dann ist sie in dir. Nun ist Bremerhaven in mir, weil ich so lange in Bremerhaven war. Als Jugendlicher klebte ich einmal zusammen mit einem Schulkameraden in einer nächtlichen „Aktion" viele kleine Zettel an gutbesuchte Stellen der Innenstadt : „Diese Stadt ist triste". Das war spätpubertärer Weltschmerz und zugleich ein Urteil. Das Bremerhaven von 2020 ist nicht mehr das von 1960, als ich dort zur Schule ging. Damals boomte die Stadt auf niedrigstem Niveau, heute siecht sie auf höchstem Niveau. Von hier aus sehne ich mich nach ihr, und bin ich dort, dann finde ich gar nicht wieder, was ich suche.

Die Stadt, die ich meine, ist meine Stadt, sie existiert nicht in einer bestimmten Kilometer-Zahl von meinem heutigen Wohnort entfernt, sondern nur in meinen Erinnerungen und meinen Manuskripten. Die Suche nach der verlorenen Heimatstadt ist eine Suche nach der verlorenen Jugendzeit, aber diese Zeit war keine Hochzeit, sondern eine Henkersmahlzeit. Die Stadt war ein Bild meines Elends und ist heute ein Bild meines vergangenen Elends. Sie bot mir Brotberufe an, aber ich wollte gar keine Krämerseele und kein Kinderverderber werden, kein Rechtsverdreher und kein Knochenbrecher, kein großer Fisch und kleiner Fischer. Mit den Mitteln von heute habe ich die Probleme von damals leidlich gelöst oder wenigstens überstanden, und die Fragen von heute werde ich erst im nächsten Leben beantworten. Wünsche ich die vergangenen Situationen zurück, um sie mit den überlegenen Mitteln von heute nachträglich doch noch zu meistern? Aber kein Problem wird jemals gelöst, es löst sich nur ins nächste, noch größere Problem auf.

Früher waren meinen leeren Taschen alle Türen, heute wären dieselben Türen meinen vollen Notizheften verschlossen. Einen Bedarf nach meinen Angeboten kann und konnte ich bei meinen lieben Mitmenschen weder decken noch wecken, aber mein Selbstbewußtsein ist meinem Marktwert gewachsen. Es geht heute darum, den Straßendreck von Alt-Lehe in Druckerschwärze zu verwandeln und die Kohlenberge, die mein Stiefvater als Heizer in die Öfen der Stadtwerke schaufelte, auf Papier zu Geistesdiamanten zu pressen und zu schleifen.

Die Deichpromenade meiner Jugend war ein schmaler Grat zwischen Land und Meer. Bremerhaven soll keine Hochburg der Widerstandskämpfer gewesen sein und wurde von alliierten Bombern brutal zusammengeschossen. Der materielle Wiederaufbau ist abgeschlossen, aber hat der kulturelle jemals angefangen?

Im Keller der elterlichen Wohnung baute der Schüler sich einen Geigerzähler für strahlende Atome und am Dachboden ein Teleskop für die Sterne (und für die Nachbarin im Bad gegenüber). Das Fernrohr sah damals viel weiter als der heutige Fernseher. Die Welt im Wassertropfen und die Atome im Weltall sah ich nur, um die Dinge vor meiner Nase nicht sehen zu müssen, hieß es, aber das sagt die nichtswürdige Weisheit der Welt, die gar nichts anschaut.

Die „Philosophische Gesellschaft" zwischen Berdjajeff und *Diamat* im Gemeindehaus der Großen Kirche und die Bibliothek der „Pädagogischen Arbeitstelle", zwischen Paul Natorps Platonbuch und Simone de Beauvoirs „Deuxième Sexe", hatte der Schüler ebenso geliebt wie die Kinopaläste mit Namen wie „Capitol" und „Atlantis", „Cinema" und „Aladin", „Gloria" und „Elektra".

Vor 250 Jahren gaben Bremer „Neue Beyträge zum Vergnügen des Verstandes und des Witzes" (1744-1759) heraus voller Poesie und Philosophie. 1748 erschien dort Klopstocks „Messias". Wo sind neue Bremer(havener) Beiträger mit Bodmers „vorsichtigem Mißtrauen gegen die betrügliche Empfindung und ungenügsamen Erfahrungen"?

Geist und Zeit :
Kurzgeschichte des kurzen Worts

Die vorsokratischen Naturphilosophen lebten wieder auf im antischolastischen Renaissance-Ideologen Francis Bacon, auf den sich während der Aufklärung Lichtenbergs Positivismus und Kants Prototypisierung der Naturwissenschaften beriefen.

Gerhard Neumanns "Ideenparadiese" von 1976 datierten das deutsch-aphoristische Jahrzehnt (etwa 1798 - 1810) von Kants "zweiter kopernikanischer Wende" zum intelligiblen Ego cogito her. Objektive Tatbestände verbergen gattungsspezifisch transzendentale Subjektivitätsstrukturen, die in Kants "Kritik der Urteilskraft" "ästhetische Ideen" kreierten, die Keime auch der frühromantischen Fragmente.

Den Kritizismus Kants radikalisierte Fichte zu einem subjektiven Idealismus, der die praktische "Tathandlung" als eine Emanzipation von allen Tatsachen und die künstlerische Einbildungskraft als absolute Abstraktion von allen objektiven Fakten feierte, aber doch noch einen „äußeren Anstoß" brauchte, den die romantische Ironie des magischen Idealisten Novalis schon entbehren konnte. Der transzendentale

Zirkel von Ich und Nicht-Ich zerbrach an diesen inneren Widersprüchen in unzählige frühromantische Fragmente, die dann Hegel durch eine eigens dazu ersonnene "objektive" Dialektik systematisierend wiedereinfangen und überbieten wollte.

Adorno bewies ein Jahrhundert später, daß Hegels allintegrierendes Geistessystem gesprengt wurde von den gleichzeitig übersubjektiven und überobjektiven Aphorismen, zu deren Bändigung die trinitarische Dialektik kultiviert worden war. Diesen Vorrang des systemsprengenden Aphorismus lernte Adorno nicht von Novalis, sondern von Nietzsche, der seinerseits von Lichtenbergs heuristischen Forschungsaphorismen und von Larochefoucaulds frühpsychologischen Salonaphorismen beeinflußt war.

Nietzsche rettete im Essay über das "Zeitalter der Griechen" die antithetische Gnomik Heraklits schon ganz im Sinne Adornos vor Hegels Systematisierungsprogramm.

Adorno war stärker geprägt durch Nietzsche, der voreilige Synthesen immer wieder verwarf; sein Mentor Horkheimer war eher geprägt von Schopenhauer, der Gracians "Handorakel der Weltklugheit" (1647) kongenial ins Deutsche übersetzt hatte.

Spinozist Lichtenberg wie auch Friedrich Schlegel, Nietzsche und Schopenhauer waren fasziniert von

Nicolas Chamfort, dem gutbürgerlichen Opfer der Revolution, die er aphoristisch vorbereitet hatte. Fr. Schlegel begann die „progressive Universalpoesie" seiner "Athenäum-Fragmente" als "Chamfortaden". Dieser Franzose sah sich als Synthese des pessimistischen Larochefoucauld, der seinerseits zusammen mit Theophrast die bösen "Charaktere" Labruyéres beeinflußte, und des optimistischeren Vauvenargues, der Voltaire beeindruckte. Aber diese Synthese erreichte wohl eher der sanfte Romantiker Joseph Joubert, der Canetti anzog. Der frühverstorbene, von Larochefoucauld und Montesquieu beeinflußte Vauvenargues zog Lockes Einzelimpressionen und Pascals *esprit de finesse* des Herzens dem Zentralismus der cartesianischen Ratio vor. Der Herzog de Larochefoucauld, dessen melancholischer Geistesadel vor 350 Jahren den literarischen Aphorismus schuf, als er im Kampf gegen den absolutistischen Ludwig XIV. resignierte, gab die Entdeckung des Unbewußten weiter an den psychologischen Aphorismus Nietzsches, der damit Sigmund Freud beeindrucken konnte. Der Vater der Psychoanalyse fand, daß kein Mensch in der Selbsterkenntnis weitergekommen sei als Nietzsche. Dessen bewunderter Vorgänger Larochefoucauld war ein Kind des Jesuiten Gracian und des Anti-Jesuiten Pascal gewesen, also der spanischen "Handorakel", die über den ersten Politaphoristiker Perez das Stilvorbild in Tacirus hatten, und der jansenistischen "Pensées", die über de Montaignes "Essais" (1580) vom konzisen Stilvorbild Senecas sich herschrieben.

Jean Pauls "Vorschule der Ästhetik" (1804) rehabilitierte den aphoristischen Witz der "Bemerkungen über uns närrische Menschen" als Konfliktentladung zwischen dem Endlichen und einem Unendlichen, das gleich nach Jean Paul strikt entgöttert wurde.

Nietzsche und sein Lehrer Schopenhauer, die den Willen hinter dem Wissen und den Affekt hinter dem Intellekt achteten oder ächteten, waren inspiriert von den französischen Moralisten des 17. / 18. Jahrhunderts und von Lichtenberg, der sich herschrieb vom Antisystematiker Bacon und vom monado-logischen Pointillisten Leibniz. Lichtenberg zeugte Nietzsche und Karl Kraus, Nietzsche zeugte Marie von Ebner-Eschenbachs feine "Aphorimen" (1880) und noch Ernst Jüngers schneidige Kommando-Gnomik. Karl Kraus zeugte Wittgensteins "Tractatus" und Canettis "Aufzeichnungen", Canetti ersetzte Kraus durch Joubert, Kraus zeugte auch Lec, und Stanislaw Lecs "Unfrisierte Gedanken" zeugten Gabriel Laubs "Verärgerte Logik.".

"Witz, wenn du dich in die Luft erhebst, wie stehen die Weisen da und sehen dir nach", schrieb Kleist.

Von Arkadien zum Bücherparadies

„Er verschmähe den unwürdigen Ausweg, den Gehalt des Ideals zu verschlechtern, um es der menschlichen Bedürftigkeit anzupassen, und den Geist auszuschließen, um mit dem Herzen leichteres Spiel zu haben. Er führe uns nicht rückwärts in unsere Kindheit, um uns mit den kostbarsten Erwerbungen unseres Verstandes eine Ruhe erkaufen zu lassen, die nicht länger dauern kann als der Schlaf unserer Geisteskräfte, sondern führe uns vorwärts zu unserer Mündigkeit, um uns die höhere Harmonie zu empfinden zu geben, die den Kämpfer belohnt, die den Überwinder beglückt. Er mache sich die Aufgabe einer Idylle, welche jene Hirtenunschuld auch in Subjekten der Kultur und unter den Bedingungen des rüstigsten, feurigsten Lebens, des ausgebreitetsten Denkens, der raffiniertesten Kunst, der höchsten gesellschaftlichen Verfeinerung ausführt, welche, mit einem Wort, den Menschen, der nun einmal nicht mehr nach Arkadien zurück kann, bis nach Elysium führt ... das Ideal der Schönheit, auf das wirkliche Leben angewendet ... Ruhe wäre also der herrschend Eindruck dieser Dichtungsart, feurigstes Leben, gesellschaftlichste Verfeinerung ... aber Ruhe der Vollendung, nicht der Trägheit ... die höchste Einheit muß sein, aber sie darf der Mannigfaltigkeit nichts nehmen ... in den meisten Fällen will man nur ein Bedürfnis befriedigt haben, ohne daß der Geist eine Forderung machte ... Der Last de Denkens sind sie hier auf einmal entledigt, und die losgespannte Natur darf sich im seligen Genuß des Nichts auf dem weichen Polster der Platitüde pflegen ... Sie können nur dem kranken Gemüte Heilung, dem gesunden keine Nahrung geben."

Friedrich Schiller : „Über naive und sentimentalische Dichtung"

Schiller warnt nicht nur vor leerer Entspannung, die realistische Erholung von Geschäften sucht, sondern auch vor schwärmerischer Überspannung, die sich utopistisch versteigt und volle Freiheit mit leerer Phantasie verwechselt. Real-existierende Idyllen-Idealität aber ist die Insel-Wunschlandschaft gutsortierter Bibliotheken und kein Agrar-Barbarismus brutalistischer Natursentimentalitäten.

Hegel höhnte, man wisse bei Geßners Idyllen nicht, ob sie mehr den Schafen oder den Schäfern zugute komme. Sie kommen nicht *nach* Hochtechnologie und Reformpolitik, sondern noch *vor* den Sozialutopien : In all ihrer Störanfälligkeit sind Idyllen doch schon selber jene Sozialkritik, die von ihrer Resignation fruchtbar unterlaufen und ausgespart wird. Haben sich arkadisch präzivilisatorische Naturidyllen nicht als elysisch postkulturell oft nur ausgegeben, wie bei Vossens „Luise"? Die relative Autarkie ist dann erkauft um den Preis realer Ohnmacht. *„Das mehr nur Pflückende und Hütende Arkadiens"* ist bei Vergil schon überwunden, bei Theokrit noch nicht.

Wir haben Vergils bukolische durch unsere bibliothekarische Idylle ersetzt und sublimiert : pastoral book of nature. Vielleicht hat ja schon Vergil seinen derberen Theokrit ebenso verfeinert. Der geistige

Glücksraum der fröhlichen Gotteskinder ist keine geographische oder futurologische Kategorie mehr, aber noch immer ein Klassenbegriff des Bildungsprivilegs. Die moderne Idyllenfurcht ist berechtigter Haß auf Harmoniebetrug, und das goldene Zeitalter der Agrikultur war schon immer nur Ideologie. Das *Agrarkadien* sei sublimiert zum *Literarkadien* und nicht fortentwickelt zum *Atomarkadien*. Ich meine die idyllische Utopologie der platonischen Höhle, die poetische Dachkammer, der epikureische Schrebergarten oder die Denkerklause, die Rettung des *Idylliduums* vor kollektivsten Zugriffen. Die erste rohe Natur ist zu wahrer menschlicher Natur erst zu bilden. Kunst ist kein Schöpfungsersatz, sondern selber göttliches Naturtalent. Das biblische Jenseits verbietet das idyllische Paradiesseits. Zielen Jesajas Verheißungen auch auf Bücherparadiese?

Aber es gibt die idyllisch ungestörtere Wahrnehmungsschule und Naturkunde. Vergils „Georgica" feierte ja die naturphilosophische Erkenntnis des Kosmos. Ich suche keine Einengung Arkadiens auf die Weite von Schäferweiden, aber die ackerflüchtige Ausweitung auf enge Gelehrtenstuben. Mich stören vor allem die schrecklichen Vereinfacher aller Komplexe. Der Großsoziologe Niklas Luhmann sah den Kern der Kultur gerade in dieser *Komplexitäts-*

reduktionspotenz, und derbe „Natürlichkeit" floriert nie am Anfang, sondern immer in Spätzeiten, als Reaktion auf erstarrte Überfeinerungen. Bloße Lesezeiten in Bibliotheksräumen und Geschichtswerken sind ja selber erstarrte Geschichtszeiten, wenigstens nomadisierende Gespräche ohne Ziegen- und ohne Zungenhüten.

Vielleicht sind es da auch platonische Dialoge von peripat(h)etischen Flaneuren, die Kreuzungen aus Nomaden und Pfahlbürgern sind, und der traditionelle Liederwettstreit der Idyllen ist ersetzt durch Ideenwettstreit. Das Heroische ist nur noch im Geisteshelden, und der Kriegsheld siegt in Polemiken. Schon für die romantische Sehnsucht war Geßner viel zu fade und Voß zu hausbacken. *Der zerbrochene Krug* fand in Kleist den Schuldigen und die *Idylle* bei Geßner das Unschuldslamm. Nicht die literarische Gattung macht ja das Idyllische, sondern die Denkweise und Lebensform. Geistiges Leben ist da erkauft durch versöhnliche Reduktion auf Spießermaß. Gibt Vischers *gemütliche Heimlichkeit* nicht doch nur erstickendes Behagen? Oder mikrologische Vollendungschancen? Die kapitalistische Ökonomie bedroht nicht nur dumpfe Öko-Nischen, sie fördert auch großstädtische Robinson-Inseln – voller Sehnsucht nach dem ruhigen Ende aller Sehnsucht.

Ist das im Grunde nicht nur Todessehnsucht? Es ist auch subjektives Glück im objektiven Unglück, also kosmische Totalität in proletaristischen Mikrologien.

Müssen wir verzichten auf etwas, das wir nie begehrt haben? Wir opfern keine Traumziele, sondern uns verschonen Schreckgespenster. Unsere Entsagung ist Entlastung, wenn wir Staat und Gesellschaft für das Buch der Natur und das Buch der Bücher leichten Herzens opfern. Aus der materiellen Not eine geistige Tugend machen? Die Welt ist böse, also halte ich mein kleines Herz und Haus ganz frei von Haß und Häme? Das moderne Anti-Idyll lebt doch von den Idyllen, aber umgekehrt auch unser Eidyllion von der Anti-Idyllik um uns herum. Idyllische Beschränkung (ver)blüht, und dämonische Verschlossenheit brütet.

Sogar Schopenhauers erzidyllische Triebphilosophie wollte sich nur eine „feuerfeste Kammer in der Hölle bauen". Ein buddhistischer Paranoiker.

Schiller konnte nicht mehr realisieren, was er an Kulturidyllen forderte, wenn uns Kultur zur zweiten Natur geworden ist. Das Anti-Idyllikum Tod kam ihm dazwischen, nicht seine Unfähigkeit, aber vielleicht die Unmöglichkeit, Realitäten harmonistisch umzulügen? Goethes Idyllik lockte *in die stillere Wohnung, – wo sich, nah der Natur, menschlich der Mensch noch erzieht.* Ob nun Altersruhe oder antike Kindheit der Menschheitsgeschichte oder der Infantilnarzißmus biographischer Vergangenheit : Das Welttheater reflektiert sich gern im Taschenspiegel. Jede Naturidylle ist von Geschichte und Gesellschaft bedroht, aber nicht von Geist und Kultur.

Auch der Spießer gibt seine kleine Welt als ideales Muster aus, wie das Genie. Aber sprich Horaz nach: Beatus ille, qui procul negotiis ... Exegi monumentum aere perennius. .. ganz aus Aphorismen.

Lass uns einen Spaziergang machen zum erhöhten Aussichtsturm mit freiem Blick auf Großstadt-Landschaften, Müll-Berge und Ab-Flüsse? Seien wir dankbar für den geschichtlichen Augenblick, der auch uns, für die das nicht überliefert wurde, die aufgespeicherten Schätze aller vorausgegangenen Generationen mitgenießen läßt. Aber wir wollen sie nicht nur in kurzer Lebenszeit verschwenden, sondern auch als Rohmaterial für höhere Veredelungsprodukte gebrauchen. Nutzen wir die Gunst der Stunde, bevor sich das Startfenster für unsere kleinen Himmelsraketen wieder schließt und Leuten wie uns die letzte Stunde schlägt. Die rechtmäßig ererbten Güter gegen Barbaren zu verteidigen, sind wir schon nicht mehr stark genug. Was wir hier schaffen, vertrauen wir irgendwann der Flaschenpost an, die wir in die Nordsee werfen. Mag die Vorsehung sie künftigen Geistesverwandten in Kopf und Hände spülen. Entsagung ist allerdings zu leicht, wenn sich das meiste versagt.

Karl Löwith warnte:

„Die Auslieferung des Menschen an das geschichtliche Denken ist nicht nur dem historischen Materialismus und in anderer Weise dem metaphysischen Historismus von Hegel eigentümlich, sie kennzeichnet auch alles nachhegelsche und nachmarxistische Denken. Man glaubt auch im bürgerlich-kapitalistischen Westen, dessen Produkt der Marxismus ist, weder an eine natürliche Weltordnung, an die Vernunft des physischen Kosmos noch an ein Reich Gottes. Man glaubt nur noch an den Geist der Zeit, an den Zeitgeist, 'the wave of future', das Geschick der Geschichte, vulgär verstanden oder sublim. Wenn uns die Zeitgeschichte aber irgend etwas lehrt, dann offenbar dies, daß sie nichts ist, woran man sich halten und woran man sein Leben orientieren könnte. Sich inmitten der Geschichte an ihr orientieren wollen, das wäre so, wie wenn man sich bei einem Schiffbruch an den Wogen festhalten wollte." („Marxismus und Geschichte", 1958)

Weiterführendes vom Autor

„Martin Heidegger –
Versuch einer Psychoanalyse seines *Seyns"*, 1993

„Die Irren sind auch nicht mehr die einzig Normalen"
(Erzählungen), 1997

„Auch der Eskimo klebt an seiner Eisscholle"
(Geschichten und Virtuosenstücke), 1998

„Am schnellsten vermehrt sich die Unfruchtbarkeit –
Essays zur Multi-Kulturlosigkeit"
(Rückblick auf das 21. Jahrhundert), 1998

„Dein Leben hat Sinn – für deine Ausbeuter",
Ein aphoristisches Gesellschaftssystem, 2016

„Objektivität durch Subjektivität oder umgekehrt? –
*Phänomenologischer Entwurf
einer dekonstruierten Erkenntnistheorie"*, 1999

„Nur in der Fremde fühle ich Fernweh"
(Idyllischer Roman), 2000

„Künste und Wissenschaften als verlorene Paradiese –
Essays zur Bedeutung der Kultur-Idyllen", 2000

„Der Mensch ist, was er verg-isst /
Kosmostheorie oder Gemeinschaftspraxis", 2007

„Philosophische Formelsammlung :
*Ambivalente Gedankenexperimente und nachsokratische
Fragmente",* Verlag Königshausen & Neumann, 2012

„Gedankenlesen : Hirnforschung ohne Computertomo-
graphen – *Philosophie zwischen Wissenschaft, Kunst und
Religion",* DWV Deutscher Wissenschafts-Verlag, 2013

„Die Liebhaber der Sophie –
Philosophiegeschichte in Philosophengeschichten", 2013

„Aphorismen zur Zeitaltersweisheit –
Kopfverdreher, Kopfzerbrecher", 2014

„Ist *Philosophical Correctness* eine Kommunikations-
wissenschaft? *Versuch über moderne Versuchungen",*
2015

„Die längste Leine trägt die Freiheit –
Faule Zaubersprüche", 2015

„Quanten, Quarks und Strings im Kopf –
Eintausend neue Aphorismen", 2015

„Die meisten Aufrechten sind unter Gefallenen /
Dumme Sprüche, alte Spiele", 2015

„An sein Innerstes erinnert sich keiner –
Nicht ganz dichte Gedichte", 2015

„Mann und Frau befreien sich – voneinander /
Geschlechterkrieg oder Klassenkampf?", 2015

„Zur Dialektik und Phänomenologie
der Natur- und Kultur-Idyllen", 2015

„Wer gut abschneidet, kastriert –
Zurück zur frühromantischen Magie?", 2015

„Fertig machen dich deine Fertigkeiten –
Aphoristische Idyllen", 2017

„Esprit und Geisteswissenschaften – *Wechselwirkungen
zwischen Kunst, Philosophie und Psychologie*", 2016

„Fürchte den, der dich fürchtet – Hundert Jahre
DADA", *Zwergrätsel zu Spottpreisungen*, 2016

„Mit einem Satz ins Freie – *Reflexionen, Urteile und Sentenzen*", 2. überarbeitete Auflage, 2016

„Kurz und klein – klein, aber fein", *Aphorismen,* 2016

„Gewinner heißen Spielverderber", *Aphorismen*", 2016

„Sei zu klein, um zu herrschen, und zu groß, um beherrscht zu werden – *Dogmatische Aphorismen*", 2016

„Schlafmützen nennen uns Träumer – *Lumpenproletarische Sprüche*", 2017

„Zwergrätsel, Satiren und Zwickmühlen – Auswahl von Aphorismen", 2017

„Verteidigung des Elfenbeinturms – *Große Sprüche, wieder nur Widerspruch*", 2017

„Oft verzeiht man, um straflos auszugehen – *Kurze Digressionen*", 2018

„Wenn die Seele auf den Geist geht – *Chronik der unbewussten Weltbilder*", 2018